JN409895

대한민국 서정시인,

달빛에 싼
청산 한 채

Mountain in the moonlight

남진원의 고전과 시조 평설 · 이야기책

남진원 평설집

달빛에 싼 청산 한 채

초판 1쇄 인쇄일 : 2019년 12월 29일
초판 1쇄 발행일 : 2019년 12월 31일

지 은 이 : 남 진 원
전화 010-3643-6366 / 이메일 sosan2525@hanmail.net
펴 낸 이 : 홍 명 수
편집디자인 : 최 승 남
표지디자인 : 이 연 희

펴 낸 곳 : 성원인쇄문화사
주 소 : 강원도 강릉시 성덕포남로 188
대표전화 (033)652-6375 / 팩스 (033)651-1228
이 메 일 : 6526375@naver.com
I S B N : 978-89-94907-77-2(03800)

정 가 : 15,000원

– 파손된 책은 구입처에서 교환해 드립니다.
– 이 책은 강원도 · 강원문화재단의 지원을 받아 출판한 책입니다.

남진원 (1953 ~)

· 대한민국 서정시인

· 강원도 정선 문래리에서 태어나다
· 1976년 샘터시조상을 받으면서, 집필생활을 하다
· 1983년 강원일보 신춘문예 시 당선

· 지난 20 세기 후반과 21세기 초
  - 강릉, 영동대학 출강
  - 강원도립대학 출강
  - 태백, 관광대학(태성전문대학) 출강

· 대표시 '아름다움의 의미' 등이 있음

■ 일러두기

· 시조에 대한 이해를 증대시키기 위하여 시와 한시 작품을 수록하여 평설 내지 해설을 하였다. 소설적인 기법으로 고전인 「사기」와 「18사략」을 참고하여 글을 쓴 것도 이런 이유이다. 또한 작가 자신의 삶이나 작가의 창작 시조와 창작시 등을 이야기로 재구성하여 수록한 것도 이런 까닭에서이다.
해설의 방법은 전반적인 이야기 끝에 시조를 달아놓는 귀납적 방법과 작품을 먼저 제시하고 설명을 하는 연역적인 두 방법, 또는 이의 절충으로 기술하였다.
특히 한시와 고시조, 한시를 시조로 재창작한 작품과 본인의 시조, 시 등을 수록한 이유는 문학을 통해 인간 존재에 대한 근원적인 의미와 재미, 깊이를 더하려고 하였기 때문임을 밝힌다.
뒷면에는 작품 색인을 넣어 작품을 찾아보기 쉽도록 하였다.

· 한자를 쓸 때, 서술문은 한글 바로 옆에 괄호를 하지 않고 붙여 쓴다. 시 내용에서는 한글과 한자를 병행하지 않고 한자만 그대로 살려 쓴 것도 있다.

· 고시조의 대부분은 현대에 맞게 고친 글이다. 원문을 위해 출전을 밝혔다.

■ 주요 참고문헌

· 「국조시산 國朝詩刪」, 허균
· 「김육의 경제개혁론」, Daum 백과
· 「도덕경」, 노자
· 「맹자」
· 「명심보감」
· 「사기」, 사마천
· 「삼가집」, 박수량
· 「소나무와 탈속」, '꽃으로 보는 한국문화', (주)넥서스). 네이버지식백과], 2004. 3. 10.
· 「심연수 문학 연구」, 박복금 박사학위 논문, 강릉원주대학교, 2014.
· 「심연수 원본대조 시선집」, 황규수, 한국학술정보(주), 2007.
· 「십팔사략」, 증선지
· 「이향견문록里鄕見聞錄」,유재건. 글항아리, 실시학사:고전문학연구회, 2008.
· 「한시미학 산책」, 정민, 휴머니스트, 2010.
· 「한시작가작품사전」, 국학자료원, 2007. 11.15. 네이버지식백과
· 「한국시조큰사전」, 한춘섭, 박병순, 이태극, 을지출판공사, 1985.

아름다움의 의미

남 진 원

세상살이가
무시로
억울함에 취해 울고 있나니

더러는 시름에 겨워
잠들다 깨다가 하거니

인생은 한그루,
나무 옹이 같은 것

가슴에 박힌 옹이를
쓰다듬는 사람아

슬퍼하지 마라

우리는 완행열차의 흔들림처럼
그렇게 흔들리며 가는 거라네
그렇게 흐르며 가는 거라네

아름다운 일 아닌가.

머리글

글을 읽으며 짓는,
조용한 미소처럼…

'아름다운 세상에서 행복하게 살고 싶다.' 이런 생각은 모든 사람들이 꿈꾸는 희망일 것이다. 그러나 현대사회는 단절된 사람 관계, 오염된 환경과 지구 온난화, 지진과 태풍, 핵무기 등의 위협이 행복한 삶을 멀게 하고 있다.

많은 사람들은 부와 권력을 소유할 때 행복해진다고 믿는다. 그러나 진정한 행복과 마음의 평화는 부귀에서 구해지는 것이 아니다. '그럼 무엇일까?' 나는 고심하던 중, 우리의 시조와 한시, 고전 등에서 희망과 행복의 씨앗을 찾을 수 있었다. 그 분들의 글과 작품에서 삶의 애환뿐만 아니라 사랑과 용기, 지혜와 신뢰 등 우리가 접하기 어려운 것들을 만날 수 있었다. 그리하여 시공을 뛰어 넘어 마음에 깊이 동조하기도 하고 슬픔을 함께 하기도 했다. 나는 여기에 더해 마음의 위안도 얻었다.

하여, 본인의 시조, 시 작품과 옛 어른들의 시조작품에 해설을 곁들여 책으로 내놓는다. 내용 속에는 시조뿐만 아니라 조선 문사들이 쓴 한시와 중국의 문사 작품, 역사속 사건도 선별하여 이야기를 덧붙였다. 독자 제현께서도 마음의 평화와 위로, 그리고 재미를 얻을 수 있으면 더 바랄 것이 없을 것이라는 저자의 작은 소망이다.

이 책이 나오기까지 많은 분들의 노고가 있었다. 강원문화재단과 국가문화예술지원시스템에 근무하는 분들의 친절한 도움을 받았다. 특히 표지 이미지와 내용의 구체적인 글자와 배열 등에 하나하나 세심한 관심으로 도움을 준 이연희 시인의 노고를 여기에 새겨놓는다.

행복한 삶을 사는 것은 그리 어려운 일은 아니다. 작은 것에도 감사하고 만족하며 사는 일이다. 누군가가 글을 읽으며 짓는 조용한 미소처럼, 이 글을 읽는 분들이 글귀 하나로도 인생에 지침이나 마음의 평화를 찾는 계기가 될 수 있다면 내게는 큰 위안이 될 것 같다.

2019. 11. 27. 방터골 오두막에서
남진원 적다.

차례

머리글 · 6

봄, 고뇌 속에 움트다 · 15
봄이 물들다 · 17
별유천지비인간別有天地非人間 · 20
세상을 벤 언어의 검劍 · 23
역사를 더듬어 보다 · 26
차茶 맛을 다시 얻다 · 28
강산은 들일 데 없으니 · 31
아름답고도 맑은 시심詩心 · 33
묏버들 꺾어 보낸 연정 · 36
석양夕陽에 떠나가는 나그네 · 38
시절에 맞추어 살다 · 40
술과 꽃의 풍류 · 42
술잔에 익는 달빛 · 44
역사의 자취, 인생의 자취 · 46
청산도 절로절로 · 48
명사인 줄 알았더니… · 50
백아절현伯牙絕絃 · 52
불가득不可得, 불가심不可心 · 54
아직 메조 밥은 익지 않았네 · 57
산의 풍미風美에 들다 · 61

시조에 곁들여 마음 달래던, 술 · 64
청초 우거진 골에 · 67
봄날, 술을 늘다 · 68
도가道家의 어떤 노인 · 70
아내의 긴 여행 · 73
매화 향기 짙은 밤 · 74
마음이 어린 후이니 · 75
간곡한 그리움을 만나다 · 76
유년의 겨울, 냉혹의 미 · 78
절망에 넘어지고 절망에 일어서고 · 80
슬픈 미완의 사랑 · 83
산사山寺에 걸린 달 · 87
깊은 밤에 잠 못 들고 · 89
고독이 남긴 시인들 · 93
이안눌의 효심 · 97
어버이 살아실 제… · 100
권필, 불행한 시대의 시인 · 102
고개 돌려 바라보니 · 108
천년의 구름, 백운白雲 · 111
서리 맞은 붉은 꽃 · 115

우주의 숨결, 백운심처白雲深處 · 117
눈 맞아 휘어진 대를 · 118
구름 깊어 계신 곳 모른다 하네 · 120
소나무, 광풍에 눕다 · 128
십팔공十八公, 소나무 이야기 · 130
달빛에 젓대소리 · 131
절간 풍경 · 133
조선 선비의 기개 · 137
여류 시인의 절조節操 · 140
은자隱者의 삶 · 142
아름다움은 함부로 전할 수 없는 것 · 145
매화, 어렵게 살아도 향기를 팔지 않느니 · 148
1. 이숭인과 매화梅花 · 149
2. 최호와 매화梅花 · 151
3. 신흠과 매화梅花 · 152
4. 기녀와 매화梅花 · 155
5. 왕안석과 매화梅花 · 156
6. 이황과 매화梅花 · 158
7. 어느 여승과 매화梅花 · 160
8. 무원형과 매화梅花 · 161

9. 임포와 매화梅花 · 162
은둔을 나무랄까 보다 · 165
선가仙家의 백미白眉 · 168
이런들 어떠하며 저런들 어떠하리 · 169
한산섬 달 밝아라 · 171
화조월석花鳥月石 · 174
진실로 어리석은 사람과 진실로 부자인 사람 · 176
자연스러움에 순응하는 자세 · 179
지초와 난초 같은 사람 · 182
반중盤中 조홍早紅 감이 · 185
한송정寒松亭의 노래 · 188
푸른 바늘로 구슬을 꿴 김시습 · 191
석류와 이율곡 · 194
배움에 대하여… · 197
대월석화對月惜花 · 199
대좌對坐 · 201
가을밤, 등잔불 켜고… · 204
세월속에 저물어가며… · 206
불욕이정不欲以靜 · 208
남명의 천석종 · 211

조선의 대 선비, 임백호 · 213
동심초同心草 사랑, 설도 · 215
나무도 병이 드니… · 220
일자천금 · 223
소춘풍, 한 시대를 풍미하다 · 227
물을 다스려 천하를 얻다 · 230
지나침을 그치다 · 233
향락이 주는 허상虛像 · 237
하늘이 무너져도… · 240
천하를 바꾼 웃음 · 244
와신상담臥薪嘗膽 · 248
계명구도鷄鳴狗盜 · 253
춘래불사춘春來不似春 · 258
욕망의 산 · 262
낚싯줄 하나로 천하를 낚다 · 266
설원의 빛 · 270
송하노인 · 273
내 마음의 주련柱聯 · 276
날이 저물었구나 · 283
고향, 그 어머니의 하늘 · 290
■ 작품 색인 · 299

선가仙家의 백미白眉는 가난함을 부富로 삼고 추함으로 평안함을 얻는다. 운행되는 우주의 작은 움직임 하나하나와 인간의 삶 하나하나가 기적 아닌 것이 없음을 안다. 부귀와 권세를 좇는 것이 아니라, 평범하게 사는 것을 가장 귀하게 여긴다. 자유로움과 걸림이 없는 삶이 지극한 아름다움이라는 것을 알기 때문이다.

봄, 고뇌 속에 움트다

– 시조, '복사꽃 봄 품으니'
– 한시, 정지상 '송인'

봄은 영어에서 보듯 '튀어오름', 즉 'Spring'이다. 봄을 맞아 누구나 기쁨의 몸짓이나 소리를 내고 싶지 않을까? 때로는 고요하게 꽃을 바라보며 인생의 의미를 되새겨보고, 때로는 생명의 기운을 호흡하며 새로운 삶의 모습을 창조해 나가는 것이 봄에 할 일이다.

이런날, 인생의 봄을 경작하고 싶지 않은가, 화사함이 물드는 도화 한 송이 만발한 봄날에…….

복사꽃 봄 품으니

복사꽃, 봄 품으니 이곳은 무릉도원
일시에 생명의 촉 모두가 꺼내드니,
장엄한 경계 중이다. 저 녹색의 비상계엄

고려시대 정지상의 한시 '송인送人'에서는 봄 초록의 싱그러움 속에 사랑의 아픔을 극대화하였다.

雨歇長提草色多 (우헐장제초색다)
送君南浦動悲歌 (송군남포동비가)
大洞江水何時盡 (대동강수하시진)
別漏年年添綠波 (별루년년첨록파)

(정지상, '송인送人')

비 개인 긴 둑에 풀빛 짙은 날
임 보내는 남포에는 봄날의 설운 노래
대동강 물은 언제 마를 것인가?
해마다 이별 눈물 보태는 것을.

평양의 대동강 강 언덕에는 푸른 생명감으로 봄빛이 가득하다. 그러나 사랑하는 임을 떠나보내야 하니, 이별의 노래를 부를 수밖에 없다. 대동강 강물이 마를래야 마를 수가 없다는 것이다. 해마다 연인들의 이별로 강물에 눈물이 더해지기 때문이란다.

과장이 심했지만 아주 자연스럽게 전해오는 것은 그만큼 이별의 정서를 극대화한데 성공하였기 때문이다. 슬픈 이별의 정한이 배어 있는 7언 절구의 한시였다.

봄, 고뇌 속에 생명이 움트는 건 자연스런 일인가, 아이러니인가.

봄이 물들다

– 시조, '도화꽃 핀 날'
– 한시, 권두인 '선암초당'

봄이다. '봄' 하면 '바람'이 생각난다. 한자로는 '풍風'이다. 인류의 최초 성씨가 풍씨라고 했다. 바람은 생명의 씨를 발아시킨다. 바람은 공기空氣의 움직임이다. 기氣 중에서 비어있는 기氣이다. 비어있기에 자유롭고 아름답다.

도화꽃 핀 날

만발했어, 도화꽃이 봄을 불러 들였구나
희망이 촉을 틔워 나비 떼도 날아왔네
한나절 춘몽이라도 영원인 냥 고와라

삼국시대 유비 관우 장비가 시골집 도화꽃 핀 아래에서 도원결의를 한다. 살구나무도 있고 배나무도 있는데 왜 하필이면 도화꽃 아래에서였을까? 가장 큰 힘은 아름다움에서 비롯된다. 도화는 여인의 부드러움과 향기 모두를 보여준다. 여인의 부드러움은 아주 연약해 보이지만 태산도 움직이게 하는 큰 힘이 스며 있다.

신라시대에는 화랑도를 풍류도라 하기도 하였다. 신라가 삼국을 통일할 수 있었던 것은 화랑도, 즉 '풍류도'가 있었기에 가능하였다. 왜일까? 바람의 흐름이 도道인 것이다. 가장 크게 비우는 법, 나라를 위해 자신의 이익을 비우는 것은 가장 커다란 이익이다. 그 커다란 이익을 얻었기에 가능하였던 것이다. 자신을 비울 수 있는 것은 무진장의 에너지원이다. 주역에는 풍괘가 있다. '雷火風'이다. 천둥이 치면 번갯불이 일어난다. 음양의 교접이 일어나는 것이다. 가장 큰 힘이 생긴다.

도화는 바람을 뜻한다. 가장 큰 비움, 가장 큰 에너지, 음양의 만남이다.

집안에 여인이 있으면 마음이 편하고 평화롭다. 도화에는 여인의 아름다움과 같은 부드러움의 미학이 스며있다. 도화 꽃이 물위에 떠내려 오는 것을 보면 내면의 평화를 느낀다. 소용돌이가 없이 복사꽃이 물위로 유유히 흘러가는 곳이 별천지이다. 도연명의 '도화원'기에는 복숭아 마을이 나온다. 한 어부가 강물에 떠내려 오는 복사꽃 잎을 따라 올라갔다. 물이 흐르는 산속 동굴을 지나 평화롭게 사는 농부들의 모습을 보고 그곳에서 지내다가 동굴을 따라 다시 현실세계로 돌아온다.

조선시대의 학자 권두인은 자신이 기거하는 곳에 선암초당仙岩草堂을 지어놓고 시를 지으며 지냈다. 이 시에도 도화꽃잎이 등장한다.

권두인權斗寅의 자字는 춘경春卿, 호는 하당荷塘. 저서로 하당집荷塘集이 있다. 35세에 진사에 합격하고 공조좌랑을 지냈다.

아래의 시는 하당집荷塘集에 수록된 시로, 단양팔경의 하나인 하선암(6경)에 집을 지어놓고 즐거워하는 모습이 그려져 있다.

선암초당仙岩草堂

권두인權斗寅

野岸臨溪矗作臺 (야안임계촉작대)
높은 계곡 옆에 터를 잡아,

新堂蕭洒倚巖開 (신당소쇄의암개)
새로 집을 지으니 물소리 들으며 바위에 의지해 있고

春回綠張桃花浪 (춘회록창도화랑)
봄이 되자, 물결 위로 도화 꽃 떠내려 오니

却怕魚郎逐水來 (각파어랑축수래)
어부가 물을 거슬러 오를까 심히 두렵구나.

권두인은 자신이 기거하는 곳이 도원인데 다른 이들이 찾아올까봐 매우 걱정스러워하는 모습이 담겼다. 그러나 실제는 찾아오는 이를 싫어한다고는 할 수 없을 것이다. 아마 번잡스런 일들을 피하고 싶었을 것일 게다. 또한 자신이 있는 곳이 빼어난 도원임을 이야기하고 있는 것이리라. 어찌되었든 모든 사람들은 평안하고 따뜻한 아름다움을 원한다. 사람살이가 그렇지 못하니 그렇게 하지 못할 뿐이다.

별유천지비인간
別有天地非人間

– 시조, '도원의 봄'
– 한시, 이백 '산중문답'

옛날부터 하늘을 양陽이라 하면 땅을 음陰이라 불렀다. 복숭아나무는 하늘의 기운을 받았기 때문에 양기가 강하다. 그래서 귀신이 무서워한다고 여긴다. 지금도 일부에서는 사람들이 큰 병 없이 아프거나 정신이 이상해지면 귀신을 몰아내야 한다고 복숭아 나뭇가지를 꺾어 때린다. 이때의 복숭아나무는 동쪽으로 뻗은 가지가 으뜸이다. 동방은 목의 기운이 있고 태양이 뜨는 곳이기 때문에 양기가 강하기 때문이다.

복사꽃잎은 아주 예쁘다. 예뻐지고 싶은 여인들은 복사꽃잎을 머리에 꽂고 다니기도 하였다. 복사꽃이 핀 마을을 '도원'이라 한다. 도원을 사람이 살기 좋은 이상향이라 하는 것도 복사꽃이 천상의 세계에 피는 꽃이기 때문이다. 사람이 살아가는데, 병이 없고 오래오래 살면 그 보다 더 좋은 일이 어디 있을까? 여기에 더해 기화요초가 만발하는 마을에서 아름다운 여인과 노닐면 그야말로 천국이 따로 없을 것이다. 복사꽃은 이런 아름다움을 전하는 꽃이다.

당나라 때 시인 이백의 '산중문답山中問答'에는 복사꽃이 등장한다.

問余何事棲碧山 (문여하사루벽산)
笑而不答心自閑 (소이부답심자한)
桃花流水杳然去 (도화유수묘연거)
別有天地非人間 (별유천지비인간)
(이백, '산중문답山中問答')

어찌하여 깊은 산에 사냐고 물었더니, 노인은 대답대신 미소만 짓네
복사꽃 물 따라 아득히 흘러가니, 이곳은 인간세상이 아닌 곳이구려.

중국 호남성 동정호의 서남쪽에 무릉산이 있다. 그 산기슭에 있는 강변을 원강沅江이라 하는데 무릉도원은 그곳을 가리키는 말이었다. 진나라 때에 무릉의 한 어부가 배를 저어가다가 복사꽃이 떠내려 오는 것을 발견하고 계속 올라갔더니 굴이 있었다. 굴을 따라가니 한 마을이 나타났는데 복사꽃이 핀 아름다운 마을이었다. 그곳 사람들은 너무 살기 좋아 바깥세상이 어떻게 변하는지도 모른 채 살았다고 한다. 도연명의 '도화원기'에 나오는 말이다.

그러나 무릉이 어디 동정호의 서남쪽 원강 뿐이겠는가? 무릉이라는 말은 중국뿐만 아니라 우리나라에도 많이 쓰이는 지명이다. 강원도 동해시에는 무릉계곡이 있는가 하면 정선군 남면에는 무릉리가 있다. 이 두 곳은 모두 경관이 빼어나 사람이 살지 않는 선경을 방불하게 한다.

춘추전국시대를 거치면서 백성들은 전쟁으로 인해 피폐할 대로 피폐해졌다. 설상가상으로 진秦나라가 통일을 한 후에도 무리한 통치와 폭압으로 각지에서 반란이 일어나곤 하였다. 당시에는 하루가

멀다 하고 전쟁이 일어나 사람들은 살기가 참혹한 지경이었다. 마을에는 시체가 뒹굴고 밤이면 버려진 시체를 먹기 위하여 쏘다니는 짐승들을 목격하여야 했다.

몇 명의 동료 병사들이 부상자를 이끌고 시체로 이루어진 무덤을 지나다 보니 어디선가 바람결에 아름다운 꽃향기가 퍼져 나오는 것을 알았다. 향기를 따라 발걸음을 옮기니 복사꽃이 만발한 곳이 나타났다. 피비린내 나는 싸움터만 보던 사람들에게 이 보다 더 반가운 일이 있을까. 만발한 복사꽃 마을에서 그들은 마음 놓고 농사를 지으며 편안하게 살았다. 그곳이 무릉도원이다. 무릉武陵은 임금의 무덤이나 큰 언덕 또는 병사들의 무덤을 뜻한다.

그러니 무릉도원은 아름다움과 참혹함이 함께 있는 곳이라는 걸 알 수 있다. 무릉도원이야말로 어느 먼 곳에 있는 것이 아니라, 현재 우리가 살아가는 삶의 터전이라는 것을 알 수 있다. 현실이야말로 불행과 행복이 함께 하고, 천당과 지옥이 같이 존재하는 곳이다.

도원의 봄

맑은 하늘빛이 멀어서 더 은은한 날
복사꽃 지고 나니 봄도 이리 풀려나네
물결에 떠가는 꽃잎 도원인줄 알거나

그대 혹여 꽃잎 보고 내 집을 찾아들면
큰 박주 항아리에 세속을 띄우리라
근심도 맛들이기 나름, 함께 취해 보세나

세상을 벤 언어의 검
劍

– 시조, '청사에 빛나는 검'
– 한시, 임제 '물곡'

삶이 생명활동을 이어나가는 과정이듯이 죽음은 저 세상으로 가는 하나의 과정이다. 그리고 생명을 가진 자는 누구나 겪어야 하는 과정이다. 사람은 죽으면 죽음에 대한 예가 있다. 이를 장례라고 한다. 죽음에 대한 의식은 장례라는 풍습으로 행해져 왔다. 장례풍습은 지역과 종교에 따라 각각 다르다. 제일 흔한 방법이 시신을 땅에 묻는 매장의 풍습이었다.

고대 이집트에서는 죽은 사람의 영혼이 다시 육신으로 돌아온다고 믿었다. 그래서 이집트인들은 미이라를 만드는 기술을 발전시켰다. 또 화장이 시작된 것은 시체 속에 악귀가 있다는 생각 때문이었다. 고대 그리스인들은 시체를 태우는 것이 영혼을 해방시킨다고 생각하여 모든 시체를 화장하였다.

이외에도 비와 바람을 맞게 하여 풍화시키는 풍장風葬이 있는가 하면 새들의 먹이가 되게 하는 천장天葬이 있다. 그리고 절벽 끝에 시신을 두는 애장崖葬도 있다. 관을 수면에서 높이 떨어진 벼랑

위에 얹어놓는다고 한다. 일명 현관장懸棺葬이라고도 하는데 중국 동남연해 지방과 장강長江유역에서 행해졌다고 한다.

그러나 이러한 장례문화에는 새로운 변화의 바람이 일고 있다. 요즘은 화장을 넘어 수목장이나 자연장이 생기는 추세에 있다. 수목장은 나무 밑에 유골을 묻는 방법이다. 영국에서는 유골을 묻은 흙 위에 장미꽃을 심는 장미묘원도 인기라고 한다. 자연장은 흙 속에 유골을 섞어 평토를 하는 것이다. 이외에 아예 유골을 물이나 허공에 뿌리는 경우도 있다.

그런데 자신이 죽으면 장례를 지내지 말라고 한 분이 있었으니 그가 조선의 대 문사, 임제이다.

조선의 선비, 임백호! 1549년 전남 나주에서 태어나 1587에 돌아가기까지 많은 기행奇行과 글을 남긴 조선의 참다운 선비였다. 임백호는 죽음을 앞에 두고도 초연하였다. 자식들에게 자신이 죽으면 곡하지 말라고 하였다. 즉 장례를 지내지 말라고 하였던 것이다.

그가 죽음을 맞기 전 자식들은 그가 돌아갈 것을 알고 슬피 울었다. 임제는 자식들에게 시를 써서 일렀다.

四夷八蠻 皆呼稱帝　　(사이팔만 개호칭제)
唯獨朝鮮 入主中國　　(유독조선 입주중국)
我生何爲 我死何爲 勿哭 (아생하위 아사하위 물곡)
(임제, '물곡勿哭')

"중국 사방의 오랑캐와 남쪽의 여덟 야만족들이 제각기 황제라고 일컫고 있거늘 유독 조선만이 중국을 주인이라 불렀으니 내, 이런 나라에서 살 바에야 차라리 죽는 게 낫지 않겠느냐. 내가 죽거든 절대 곡하거나 눈물을 흘리지 말아라."

이 얼마나 호쾌하고 거대한 말이냐? 한 마디 언어의 검으로 자주적이지 못한 조선의 임금과 관리들을 단번에 베어버렸으니….

청사에 빛나는 검

자리에 연연하여 눈치 보던 썩은 선비들
황진이 무덤 앞에 술잔을 올렸다고
입 모아 상소를 하더니 참 선비를 죽였구나

스스로 굴신屈身하며 중국을 섬기던 나라
오랑캐보다 못한 짓거리에 "내 죽거든 곡하지 말라"
조선의 심장에 꽂은 언어의 칼 그, 섬광이여!

역사를 더듬어 보다

– 시조, '역사를 더듬어보다'

사람이 살다 죽으면 높은 명예와 무서운 권력, 수많은 재산을 가지고 저승으로 가는 사람이 있었던가.

'권력에 편승하면 망쪼가 든다' 이 말이 근래에 들어 더 피부에 와 닿는다. 백면서생일 때에는 정의를 부르짖다가 일단 권력을 꿰차면 생각과 행동이 달라지는 가 보다. 그래서 차별과 불평등이 심해지고 사회는 부패속으로 빠져든다. 옛날에 임금 자리를 준다고 하니 산속으로 들어가고, 그 소리를 들었다고 귀를 씻던 소부와 허유의 행동이 새삼스럽다.

역사를 더듬어 보면 역사의 흐름은 욕망의 흐름이었다고 해도 틀린 말이 아닐 것이다.

욕망의 지나침은 우리에게 무엇을 안겨주었나. 문학은 인간의 욕망에 대해 예리하다. 끝 모를 인간의 탐욕에 대한 이야기는 고대의 신화시대부터 현대문명이 극성을 부리는 지금도 유효하다.

그리고 끝내 욕망은 늘 지나침으로 파국을 맞게 되어도 인간은 벗어나기를 거부한다. 욕망은, 허망하기조차 한 미래를 달콤함으로 받아들이게 하는 마약이다.

하여, 인간의 정신작용과 존재에 대한 담론이 필요하다.

사람이 '생각하는 존재자' 라고 하는 것은 인간에게 부여된 신적 권능과 같은 것이다. 이러한 생각의 주체자가 욕망을 만났을 때, 과도한 욕망에 대한 생각은 존재 자체를 파국으로 몰아가는 것을 보게 된다. 명심해야 할 일이지 않는가. 시조 한 편으로 마무리한다.

역사를 더듬어보다

천하를 욕심내어 취하고자 한 영웅들
수많은 배반과 복수 불러오고 말았지
죽어서 가지고 간 게 대체 무엇 이었나

차 맛을 다시 얻다
茶

– 시조, '달빛에 싼 청산 한 채'

가을은 결실의 계절이면서 무욕빈자의 계절이다. 가을이면 계곡 틈새로 흐르는 물소리가 유난히 맑다. 두둥실 떠오르는 보름달은 마음이라도 밝힐 듯하다.

나는 가을이 되면 몸살이 난다. 조용한 산을 찾아가기 위함이다. 굳이 산중에 절충을 찾아갈 필요는 없다. 허름한 산 집 하나 있으면 족하다. 작은 물소리도 들을 수 있고 산위로 내미는 달빛을 볼 수 있으면 족하다. 그곳에서 며칠 지내면서 차를 끓여 먹으며 나무와 숲과 풀벌레 소리에 마냥 귀를 기울인다.

지금 내가 사는 집이 그렇다. 가끔 조용히 차를 맛보며 고요히 물소리를 듣는, 참으로 소소한 즐거움을 누렸다. 작설차의 맛은 시간이 지날수록 쓴맛에서 단맛으로 나타난다.

선문禪門의 몇 몇 활구活句가 작설차의 맛처럼 우러나기도 한다.

혜능이 물었다.

"나에게 한 물건이 있는데 이름도 없고 모양도 없다. 너희들은 알겠느냐?"

신회가 대답했다.

"모든 부처님의 근본이요, 신회의 부처 성품입니다." 이 말로 혜능의 서자庶子가 되었다.

회양이 혜능을 찾아왔다.

"무슨 물건이 이리 왔는가?"

그때 회양은 어쩔 줄을 모르고 쩔쩔 매었다. 그 후 8년이 지난 후에야 혜능에게 "가령 한 물건이라 해도 맞지 않습니다." 라고 하여 혜능의 맏아들이 되었다.

깨우침의 방편으로 문답하는 불가의 세계는 마음을 찾아가는 구도의 길이다. 본시 없는 마음을 찾아간다는 것 또한 어긋나지만 어긋나기 때문에 어긋나지 않음을 또한 헤아릴 수 있다. 많은 납자들이 말로써는 어긋나지 않았다고 하여 깨우쳤다고 하지만 온전히 깨우쳤다고 볼 수 없는 것은, 그 성품이 말과 다르기 때문이다.

어찌하여 많은 사람들은 깨우침을 얻기 위해 노력하는가. 참으로 모를 일이다. 다만 편안함과 즐거움이 오면 좋고, 힘든 일은 괴롭다는 것이다. 그렇다고 어찌 괴로움 밖에서 즐거움을 구할 것인가.

달마 선문의 3조 승찬은 '마음 새기는 말' 에 이르기를, '허공과 같이 둥글어 모자람도 없고 남음도 없다' 고 하였다. 깨친 바가 있는 그 자리는 이미 부처가 될 수 없다고 한다. 석가여래도 모르고 조사祖師들도 모르고 그 법을 전하거나 받지도 못한다. '아는 것이나 알지 못하는 것' 에서 뛰쳐나와야 하고 그 '부처' 에서까지 뛰쳐나와야 한다.

나는 이 마른 말들을 읊조리다가, 잎 떨어진 나무와 물 흐르는 울림을 보고 있다. 나는 무식하고 무지하다. 부처의 법을 깨달아 윤회가 끊어진 곳, 극락에 가는 것 보다 현재 바로 여기가 좋다. 고통이 있고 즐거움이 있고 아픔이 있는 이곳이 좋다고 여기기 때문이다. 달빛에 싼 청산 한 채가 내 눈에 들어오고 있다. 잃어버린 차 맛을 다시 얻었다.

달빛에 싼 청산 한 채

늦가을 산방은 찻물처럼 고요한 데
댓잎 바람소리 문밖에 내려서니
달빛에 청산 한 채가 속俗을 벗고 마주 섰다.

강산은 들일 데 없으니

– 시조, 김장생 '십년을 경영하여'

아침에 도를 얻으면 저녁에 죽어도 좋다고 했다. 땡볕 쬐는 한여름에 퍼붓는 빗줄기 보다 시원한, 한 경지를 얻는다면야…. 더 일러 무엇 하리.

십년을 경영하여 초려草廬 한 간間 지어내니
반간은 청풍이요 반간은 명월이라
강산을 들일 데 없으니 둘러두고 보리라.
(김장생, '병가甁歌')

김장생은 한 편의 시조로 시공을 뛰어넘어 우리 앞에 우뚝 나타났다.

십년을 경영하여 집 한 채를 짓는다고 하였으니, 그것도 두 간도 아니고 한 간 초려이다. 선비다운 이야기이다. 일반 목수들은 열흘이나 보름이면 지을 초려를 이 선비는 10년이나 걸리니 그 솜씨와 생각에 수긍이 간다.

초려草廬는 지붕을 짚이나 풀로 이은 아주 작은 집을 말한다. 중국의 유비가 제갈량을 군사軍師로 모시기 위해 제갈량의 초려를 찾아갔다. 두 번이나 찾아가도 받아주지 않았는데 세 번째 가니 받아주었다. 제갈량은 초려에서 뛰쳐나와 세상을 위해 활약하였다. 반대로 김장생은 초려에서 나온 게 아니라 초려에 살기 위해 10년이나 걸려 집을 지었다는 것이다. 초려는 심심산골이란 닫힌 공간 안에 있는 또 하나의 닫힌 공간이다.

그는 과연 자유로움에서 속박당하기 위하여 초려를 지었던 것인가? 그것이 현실적인 초려이든 마음의 초려이든 말이다. 시조를 읽으면서 생각해 보면 그것은 닫힌 공간이면서 또한 우주를 향해 열려있는 가장 큰 자유의 세상이다.

한 간을 둘로 나누어 반간은 청풍을 들이고 반간은 명월을 들인다고 하였다. 종장에서는 그의 심사가 확연히 드러나고 있다. 강산은 들여놓을 데가 없으니 둘러놓고 그냥 본다고 하였다. 이 얼마나 호기어린 모습인가. 천지를 소요하는 자유인의 모습이다.

'십년을 경영하여…' 의 시조에서 초려를 짓는 본래의 목적은 무엇일까? 노년에 정계에서 은퇴하여 닫힌 세상으로 들어간 것이 아니라 정권의 음모와 야욕, 암투에서 벗어나 자유의 세계로 들어간 것이다. 우리 시사詩史에 이처럼 활달한 품격을 지닌 시조를 보는 것은 흔치 않다. 옛 선비들이 술 찌꺼기 같은 위세를 풍기며 정자에서, 혹은 나무 그늘 밑에서 한 잔 술과 여흥을 즐기며 음풍농월을 하는 시구詩句들과 어찌 비교할 수 있는 글이겠는가. 한마디로, 유감없는 무채색의 경전이다.

아름답고도 맑은 시심
詩心

– 시조, 조식 '삼동에 베옷 입고'

매일 바쁘게 일을 끝내고나면 곧 어둠이 찾아든다. 아침에 뜨는 해를 바라보다가 손을 몇 번 쥐었다 펴 보면 해가 지는 것을 본다. 늘 일을 마무리하지 못한 채 자정을 넘겨 잠자리에 들기도 한다. 하루하루를 이렇듯 분주하게 지내다보면 어느새 인생의 해도 서산마루에 걸린다. 그러니 모두 미완의 상태이다.

이런 걸 미리 겪은 선인은 주역의 괘중에 맨 마지막의 괘를 화수미재火水未濟로 둔 것일까. 불이 물 위에 있으니 물이 따뜻해지기는 그른 일이다. 우리네 일상이 이렇듯 어긋나 있는 것이 상례이다. 그러나 미완은 새로운 변화를 내포하고 있으니 이 또한 신바람이 날 일이 아닌지.

삼동三冬에 베옷 입고 암혈岩穴에 눈비 맞아
구름 낀 볕 뉘도 쬔 적이 없건마는
서산西山에 해 진다 하니 눈물겨워 하노라
(조식, '병가甁歌')

성리학의 대가大家 조식은 서산에 해진다 하며 눈물겨워 하였다. 그 또한 햇빛 보다는 그 이면에 있는 미완의 일 때문에 슬퍼한 것은 아니었을까.

시대를 초월하여 한 점 부끄러움이 없는 남명 조식의 따뜻함이 깃든 시조 작품이다.

삼동에 베옷을 입고 암혈에 눈비를 맞으며 지내는 청빈한 선비의 삶을 엿볼 수 있다. 따뜻한 햇볕은 고사하고 구름에 낀 볕살조차 쬐지 못했을망정, 해가 져서 슬퍼한다는, 슬픔이 담겨있다.

나는 겨울이 오면 풍상을 이겨내는 나무를 생각한다. 그리고 남명 조식의 시조를 생각한다.

그의 삶은 삼동에 베옷 입고 암혈에 눈비를 맞는 삶이었다. 삶의 의연함과 기개가 없이는 이겨낼 수 없는 삶이다. 단순히 가난하고 헐벗게 살아가는 삶이 아니라, 절개를 지닌 선비나 지사가 살아가는 삶이기에 스스로 삼동에 베옷입고 암혈에 눈비를 맞는다고 당당히 말할 수 있는 것이다. 또한 초장이 주는 의미를 되새겨보면 우리네가 살아가는 인생의 모습과 같다. 겉으로는 부유해 보이고 위세등등해 보이지만 속을 들여다보면 모두 희비애환이 있는 법. 단순히 고단한 생활을 노래한다기보다 파란의 삶을 한 줄로 뽑아낸 구절이라고 생각된다. 기실, 우리네 인생사, 삼동에 베옷 입고 암혈에 눈비 맞는 삶이 얼마나 많았던가.

둘째 수에 이르면 고단한 삶이 절정을 이룬다. '따뜻한 햇볕을 쬐어도 성이 차지 않을 일인데 하물며 구름에 가린 햇볕조차 쬔 적이 없다고 하였으니 치열하고 극한적인 삶을 살았다는 반증이기도 한다.

종장의 반전은 점입가경이다. '서산에 해진다 하니 눈물겨워 하노라' 햇빛도 못 받은 인고의 세월을 보내지만 해가 진다하니 서글

퍼진다는 말은 얼마나 휴머니즘적인가. 미움과 시기, 질투로 얼룩진 정치적인 세상에서 그래도 미워하지 않고 시기하지 않고 밝음이 꺼져 가는 데 대한 아픔을 나타낸 남명 조식의 인간적인 신뢰와 믿음은 또 다른 햇빛으로 비춰지고 있음을 볼 수 있다.

한 인간으로써의 삶을 곡진하게 살아가는 면모를 읽고 숙연함마저 느낄 수 있다. 남명은 성리학자로 이황과 함께 우뚝한 경지를 이룬 분이다. 그러나 사화士禍의 진저리나는 정치판을 이미 어릴 때 체험한 남명 조식. 왕의 부름이 수차례 있었지만 벼슬길에 나서지 않았다. 이런 측면에서 당쟁의 소용돌이 속에 섰던 정철과는 대조를 이룬다.

남명은 벼슬 자체에 연연하지 않았다. 그가 벼슬에 매달리지 않았음을 꼭 잘한 일이라고 함부로 판단하기는 어렵다. 그러나 평생을 학문에 힘쓰며 후학에게 실천덕목을 전한 조식의 교육자적 위상은 길이 빛날 위대한 스승의 상이었다. 그의 가르침은 끝내 위기에 놓인 나라를 구하는데 앞장서게 하였고 많은 지식인을 조정에 출사하게 하여 나라를 이롭게 하였다. 그의 몸가짐이 청정한 가난함에서 비롯되었기 때문이다. 이렇듯 성리학의 대가, 남명 조식이 시조에 뛰어난 기량을 보였나는 것은 당시 시조가 얼마나 우리 민족의 얼을 대변하는 시라는 것을 짐작할 수 있는 부분이다.

삼동에 베옷 입고 암혈에 눈비 맞는 삶. 아름답고도 맑은 시심詩心, 그 삶속에 깃든 남명 조식의 슬픔은 못내 뜨거운 삶의 열기를 전해준다.

묏버들 꺾어 보낸 연정

– 시조, 홍랑 '묏버들 가려 꺾어'

인간이 살아가는 행위는 일반 동물이나 식물과는 분명히 다르다. 그 연유의 하나는 따뜻함과 삶의 진솔함이 있기 때문이다. 인생사 힘겨워도 관심과 배려, 사랑이라는 따뜻함이 없다면 아무리 좋은 진리를 따른다 해도 어디에서 편안함을 구할 것인가.

삶의 곡진함을 이야기한다면, 바로 홍랑洪娘을 들 수 있고 그의 시조 작품에서 느낄 수 있다.

묏버들 가려 꺾어 보내노라 님의 손에
주무시는 창밖에 심어두고 보소서
밤비에 새 잎 곧 나거든 나인 줄로 여기소서

(홍랑洪娘, '오씨장전사본吳氏藏傳寫本')

산 버들의 실하고 좋은 가지를 꺾어 님이 계신 곳에 보내니 주무시는 창 밖에 심어두고 보아 달란다. 혹시 밤에 비가 내려 심어둔 버드나무가지에 새 잎이 돋아나거든 나 인줄로 여겨달라는 내용이다.

홍랑이 삼당시인으로 알려진 최경창에 대한 연모의 정을 그린 작품이다. 최경창은 북도평사라는 벼슬을 받고 북쪽 지방인 경성에서 근무하고 있을 때였다. 홍원의 관기였던 홍랑은 따라가서 시중을 들었다. 그때 최경창을 사랑한 홍랑은 최경창이 서울로 돌아가자, 쌍성까지 따라가 배웅하였는데 돌아가는 길에 함관령에 이르러 날이 저물고 마침 비가 내렸다. 그때 버들을 보고 최경창에 대한 그리움을 시로 써서 보냈는데 그 시가 '묏버들…' 이란 시조이다. 그 후 최경창이 병으로 죽자, 홍랑은 다른 사내들이 자신을 넘볼까 우려하여 얼굴을 못 쓰게 만들고 그의 무덤을 지키며 일생을 보냈다. 홍랑이 죽자, 최경창의 무덤 아래에 장사를 지냈다고 한다.

오늘, 다시 홍랑의 시조를 읽는 뜻은 무엇인가. 한 생을 이어가던 그의 삶이 진정眞情한 데 있는 것이다. 다른 시조에서는 볼 수 없는 사랑의 진정함이 담겨 있다. 홍랑의 시조가 속삭임처럼 다가오는 뜻을 더 일러 무엇 하리. 그의 시조를 오늘날 다시 돌아볼 수 있음은 그 애틋한 정서를 대변한 것 뿐 만 아니라 신선한 미적 충격에도 연유한다. 묏버들 가지를 꺾어 임이 계신 곳에 보내려는 구절에서 사랑의 신선함과 약동하는 봄의 활기를 느낄 수 있다. 버들은 물이 있는 곳에서 자란다. 버들을 보낸다는 것은 사랑의 마음을 흘러보낸다는 뜻이다. 이 얼마나 멋들어지고 간절한 마음의 표징인가.

인간사, 힘들어도 그저 가볍게 웃음을 지으며 산다고 하지만 그 안에는 뭉클함이 묻어 있는 것이다. 오늘 홍랑의 시조 앞에서 옷깃을 여미는 뜻은 삶의 곡진함만은 아니다. 홍랑이 이루어놓은 사랑과 그 이면에 깔린 환희로움을 보기 때문이다.

석양에 떠나가는 나그네
夕陽

– 시조, 원천석 '흥망이 유수하니'

법석을 떨다가 흩어진 자리에는 텅 빈, 공허가 남는다. 그 곁에는 무엇이 있는가? 운수運數가 있다. 가까이 하던 사람들과의 이별도 운수가 다했기 때문이다. 만화방창萬化方暢의 봄날이면 화원에는 나비와 벌이 쉼 없이 날아들지만 입추가 지나 입동과 동지에 접어들면 언제 그랬냐는 듯 적막과 쓸쓸함이 감돈다. 계절의 운수가 다 했기 때문이다. 한 계절이 지나가면 옛 것에 대한 그리움이 남는다. 그리움은 아름다운 추억을 만들고, 추억은 다시 그리움을 불러온다.

흥망興亡이 유수有數하니 만월대滿月臺도 추초秋草 | 로다
오백년五百年 왕업王業이 목적牧笛에 부쳐시니
석양夕陽에 지나는 객客이 눈물 계워 ᄒᆞᄂᆞ라
(원천석, '청구영언靑丘永言')

조선 태종 임금의 스승이었던 원천석元天錫의 시조이다. 원천석은 고려 임금을 모시던 사람으로 조선이 개국하자, 강원도 원주의 치악산에 은거하였다.

어느 가을날, 원천석은 고려의 수도인 개성을 찾아가 보니 화려하던 고려의 왕궁은 간 곳 없고 그 자리에 풀만 우거진 것을 보고 시절의 변화와 왕조의 덧없음을 노래하였다. 원천석이 본 것은 운수였다. 오백년의 왕조도 운수가 다해 왕궁 터엔 풀만 무성하고 목동의 피리소리만 스치고 있는 것이다. 운수運數는 소리 없이 다가와서는 흔적도 없이 가버린다. 이것이 적출寂出 적멸寂滅의 도이다.

삶과 죽음, 가고 오는 것, 기쁨과 슬픔 모두가 운수에 의해 일어난다. 그러니 사람들은 그 운수에 따라 울기도 하고 웃기도 하는 것이다. 애틋한 심사를 달랠 수 없는 것은 운수가 박薄하여 그 시절의 모습이 너무 깊이 삶의 뿌리에 박혀 떠나지 않기 때문이고 기쁨이 큰 것은 운수가 대발大發했기 때문이다.

도로는 곳곳마다 포장 되어 가는 곳 마다 땅의 기운이 죽어가고 여기저기에서는 산업쓰레기가 배출되어 환경오염으로 치닫고 있는 시대에 살고 있다. 이 또한 문명이란 운수 속에 있기 때문이다. 이런 공간에서 그나마 기쁨이 있다면, 원천석이 고려 궁터를 찾은 것처럼 옛것에 대한 그리움을 간직하고 있음이 아니겠는가. 세월이 무상하게 변해도, 한 번 맺은 인연의 고삐를 놓지 않는 작자의 아름다운 심지를 읽을 수 있다. 그렇다. 세월이 변해도 곧은 지조를 마음에 새기면서 살았던 사람들은 오늘 우리들의 마음에서도 새롭게 살아나고 있다. 사람들은 아름다운 것을 마음의 뼈에 새기지만 아름답지 않은 것들은 바람결에 티끌처럼 흘려보낸다. 아니면 마음에 상처로 남아 괴롭힌다. 무수하게 많은 사람들과의 사이에서 뼈에 새길 수 있는 아름다운 사람도 몇이 되지 않는다. 아름다운 사람은 빛과 그림자처럼 남아 그리움을 불러온다.

삶을 의미 있게 만드는 원천이 그리움이란 것을 알게 된다. 누구나 세월에 대한 그리움, 사람에 대한 그리움을 안고 살아간다. 석양빛에 떠나가는 나그네, 원천석이 그리움을 찾아 나선 것처럼….

시절에 맞추어 살다

– 시조, 황희 '대추 볼 붉은 골에'

스스로 그렇게 자라고 흘러가는 것을 자연自然이라 했던가. 작은 씨앗이 싹이 트고 줄기와 잎이 무성해지면 꽃을 피우고 열매를 맺는다. 그 열매가 다시 싹이 트고 무성해지며 꽃 피우고 열매 맺기를 반복한다. 반복을 하면 따분하고 지루하다. 그러나 매우 단조로운 이러한 일들이 실상은 가장 중요한 일이란 것을 잊고 사는 때가 많다. 숨쉬기는 사람이 하는 일 중에 가장 단조로운 일이지만 살아있다는 증거는 숨쉬기가 아니고 무엇이겠는가. 또 매일 같이 밥 먹고 잠자는 일은 일상의 되풀이지만 이런 일을 하는 것이 우리들의 삶이다. 이런 인생의 반복법이 거대한 자연과 인류의 역사를 만들어 왔다.

대추 볼 붉은 골에 밤은 어이 듣들으며
벼 벤 그루에 게는 어이 내리는고
술 익자 체 장수 돌아가니 아니 먹고 어이리
(황희, '청구영언靑丘永言')

만추의 가을을 배경으로 한다. 스스로 그렇게 흘러가는 이치를 자연의 대추와 밤, 벼 벤 그루와 게로 연결 지으면서 술과 체 장수를 대비시켜 풍요를 노래하고 있다. 술이 익어갈 무렵, 때 맞춰 체 장수가 체를 사라고 한다. 체로 술을 걸러서 잘 익은 농주를 먹을 수 있게 되었다. 억지로 마시는 술이 아니라, 체장수가 옴으로 해서 절로 술을 먹지 않을 수가 없다. 자연스러움과 자유스러움이 시조 속에 담겨 있다. 인생을 시절에 맞추어 사는 노련함은 그의 정치 인생에도 긴 생명력을 갖게 한 모양이었다. 자유롭고 걸림 없이 사는 모습에서 지혜로움을 배운다.

술과 꽃의 풍류

– 시조, 김육 '자네 집에 술 익거든'

김육은 황희가 영의정을 지낸 것처럼, 우의정, 좌의정, 영의정을 두루 거친 관리이다. 경제 분야에서도 탁월한 능력이 있어 대동법을 실시하여 실학의 선구자적 역할을 하였다. 그는 천문 지리 복서卜書에도 정통하였다. 세상이치에 능통하였음을 알 수 있다. 시풍詩風 또한 형식에 얽매이지 않고 물의 흐름처럼 자연스럽다.

자네 집에 술 익거든 부디 날 부르시소
초당에 꽃 피거든 나도 자네 청하옴세
백년 덧 시름 잊을 일 의논 코저 하노라
(김육, '해동가요')

술과 꽃의 풍류가 깃든 참 멋있는 한 편의 시조이다. 백 년 동안의 근심 걱정을 잊어버리기 위해 술을 먹자는 것은 핑계일 수 있다. 좋은 사람을 만나고 싶은 것이다. 그러고 보니 요즘처럼 사람이 많아도 사람이 귀한 때는 드문 것 같다. 형상이야 뜯어고쳐 기막히게 예쁜 얼굴이지만, 어디 마음과 뜻이 맞는 사람을 만나기가 그리 쉬운 일이던가. 근심걱정 부귀영화 모두 벗어던지고 그냥 술 익으면 불러달라는 호쾌한 말은 그대로 가슴을 울리는 마음의 소리이다. 꽃 피면 친구를 청하여 함께 술잔을 나누겠다는 것 또한 호방하고 다정하면서도 담대하다.

병자호란으로 국가의 재정이 곤궁해지고 민생이 도탄에 빠졌다. 김육은 이를 바로잡을 수 있는 방법으로 대동법의 실시를 건의했다.

대동법은 농민들에게는 생활의 안정을 기하고 국가로서는 경제안정을 기하는 정책이었다. 그는 교통의 혁신도 가져왔는데 수레의 제작이었다. 수차의 사용도 왕께 주청하였다. 또한 상평통보의 주조를 건의하여 일부지방에 유통시키는 등 실학의 선봉에 섰던 것이다. 이러한 모습은 실학자인 반계 유형원에게 큰 영향을 주었다. 국가의 대소사를 직접 건의하거나 시행하여 백성을 편안하게 하는 일에 주력했던 김육은 시름없는 날이 드물었을 것이다. 그러한 마음이 위의 시조를 탄생시킨 듯하다.

술잔에 익는 달빛

– 시조, 한호 '짚방석 내지마라'

옛사람들은 바쁜 삶속에서도 여유와 여백을 세상에 깔고 살았다. 인간의 삶이 아름다운 것은 그 생각이 열려있고 그 마음이 자연과 하나의 흐름으로 갈 수 있기 때문이 아닌가 한다.

짚방석 내지마라, 낙엽엔들 못 안즈랴
솔불 혀지 마라, 어제 진 달 도다온다
아희야 박주산채薄酒山菜일 망정 업다 말고 내어라
(한호, '가곡원류歌曲源流')

사람과 자연물 사이에는 부귀도 영화도 가난함도 아무 것도 없다. 짚방석이란 인위적인 것은 필요 없다. 차라리 낙엽에 앉는 것이 더 편하다고 한다. 일부러 불도 켜지 말라고 한다. 술잔에 익는 달빛이 얼마나 운치가 있는 일이랴. 형식과 명리를 뛰어넘어 달을 벗 삼으며 박주산채薄酒山菜에 취하고 싶은 넉넉함은 모든 시름을 뛰어넘는 저쪽의 세계이다.

한호는 조선의 명필로 더 잘 알려져 있다. 어머니는 떡을 썰고 한호는 글씨를 쓰는 〈떡 썰기와 글씨쓰기 겨루기〉는 이미 우리가 익히 알고 있는 일이다. 어머니의 독실한 사랑과 지도가 그를 위대한 조선의 명필로 만드는데 부족함이 없었던 듯하다.

유재건이 펴낸 이향견문록里鄕見聞錄은 시골에서 생활하는 하층민들 중에서 걸출한 인물의 행적을 모아놓은 글이다. 여기에 한호의 한시가 전하고 있다. 그 내용을 한글로 옮겨 본다.

석봉 아래가 바로 내 집일세
만길 연꽃 봉우리 자줏빛 하늘 가운데 솟았구나
흰 구름 자욱한 소나무 아래에 누워 보네.
풍진의 세상일 아득히 멀고
가을 달 희롱하노라니
세속의 일이야 어찌 근심할 바인가

한호는 돌로 된 봉우리인 석봉 밑에 살았던 모양이다. 그래서 한석봉이라고도 하였다. 이 시는 석봉의 아름다움과 그 아래에서 지내는 자유로움이 그려져 있다. 흰 구름 자욱한 소나무 아래에 누워 보는 심정은 어떠할까. 답답하던 우리의 마음도 개운하게 씻어주지 않을까.

역사의 자취, 인생의 자취

– 시조, 길재 '오백년 도읍지를'

'공수래공수거空手來空手去', 빈손으로 왔다가 빈손으로 간다는 말이다. 너무 집착하지 말고 살라는 뜻이지만 어디 세상살이가 그렇던가. 살기 위해서 아등바등 하며 지내다 보면 어느새 머리는 백발이 되고 몸은 병이 들어 걷기도 힘든 날이 태반이 된다. 문득 돌아보면 한낱 신기루 같은 세상살이가 아니던가. 야은 길재는 불사이군의 충정으로 벼슬을 버린 채 고향에 내려가 살았지만 고려의 수도 개경을 찾아가 보고 역사의 허무를 느꼈다. 모든 게 한 순간의 꿈이란 걸 그도 느꼈던 것이다.

오백년 도읍지를 필마로 돌아드니
산천은 의구하되 인걸은 간 데 없네
어즈버 태평연월이 꿈이런가 하노라

(길재吉再, '청구영언靑丘永言')

야은冶隱 길재는 고려 말의 학자이다. 이성계가 새로운 나라를 세우려는 것을 눈치 채고, 늙은 부모를 봉양해야 한다는 이유로 고향으로 돌아왔다. 고려가 망하고 조선이란 나라가 세워진 어느 날, 그는 한 필의 말을 타고 고려의 수도인 개경을 찾아간다. 그곳에서 옛날의 영화와 사람의 자취는 찾을 길 없고 폐허가 된 고려 왕궁 터를 보고, 시 한 수를 남겼던 것이리라.

내가 사는 옆에는 작은 산 하나가 있다. '월대산'이라 하는데 아침이나 한낮의 산행으로 딱 좋은 곳이다. 그곳을 가려면 폐가 한 채를 만나야 하는데 사람이 살지 않아서 문이 다 떨어져 나가고 으스스한 생각이 들기도 한다. 그런데 자주 스쳐 지나다 보니 그 폐가와 무언의 정이 들었다.

지난해에는 마당에 쑥이 자라서 아이들의 키를 넘길 정도였다. 산을 향해 가다 보니 또 그 폐가가 눈에 들어왔다. 저 집도 처음 새로 지었을 때에는 희망과 꿈에 부푼 사람들이 행복하게 살았을지도 모른다. 그러다가 어찌하여 저렇게 폐가가 되었을까? 그런 생각을 하며 지나가곤 했다.

그런데 오늘 아침 산을 향해 가는데 보니 그 폐가가 온 데 간 데 없어졌다. 그 자리는 말끔히 정돈되어 씨앗을 심을 밭이 되어 있었다. 그 폐가는 나와 아무 관계가 없는데도 서운했다. 폐가를 만날 수 없다는 생각에 마음이 아팠던 것일 게다. '누가 여기를 지나가면 남루한 집 한 채가 이곳에 있었으리라고 생각이나 할 것인가.' 다른 사람들의 기억 속에서는 아예 떠올릴 수도 없는 일이었다. 그러니 지금 일어난 사건에 대해 참으로 아득한 생각이 들었다. 어디 폐가뿐이겠는가. '역사의 자취, 인생의 자취 또한 이러한 것이 아닐까.' 그 동안 지내온 인생 역정에서 자취도 없는 사람들의 모습이 그 얼마인가. 폐가와 인간이 다를 바가 하나도 없었다.

그러니 길재 또한 그때 그 삶과 사람들이 그리웠던 것일 게다.

청산도 절로절로

– 시조, '청산도 절로 절로'

만물은 스스로 나고 자라고 꽃 피어 열매 맺고 다시 나고 자라며 그 순환을 반복해나간다. 누가 옆에서 더 자라라고 하지 않아도 자랄 때가 되면 자라고 열매 맺을 때면 열매를 맺는다. 이것이 자연의 순리이며 법칙이다. 사람 또한 이와 같다면 모든 게 평온하게 진행되어 갈 것이다.

노자 역시 인위를 가하지 않고 무위로 다스려나가는 세상을 바랐다.

억지스러움은 강제적인 힘을 동반한다. 강제로 하는 힘은 딱딱하고 강하며 단단하다. 그러나 부드러운 것은 갓난아이와 같이 연약하다. 강하고 딱딱한 것은 죽은 것들의 특징이며 연하고 부드러운 것은 살아있는 것들의 특징이다. 노자의 '무위'는 간섭과 지배가 없어도 자연스럽게 움직여가는 것이다. 그것은 부드럽고 연약한 것이며 살아있는 생명적인 것이다.

부자연스러운 것은 억지스럽다. 자연스러운 것은 소박하고 꾸밈이 없다. 예로써 치장하지 않는다. 진실한 마음으로 대한다. 진실함 앞에는 덕이 없어도 덕이 자리하고 인仁이 보이지 않아도 인仁이 스며있고 예禮가 없어 보여도 가장 훌륭한 예禮가 나타난다. 겉으로는 남루해 보여도 무위의 생활은 마음속에 향기를 품은 듯 향이 난다.

동양화에는 그림 속에 나오는 경물도 경물이지만 여백에서 비춰지는 이미지가 더욱 마음을 끌어당긴다. 안개 같은 여백 속으로 빨려 들어가고 싶은 것도 무위에 가까운 자연스러움 때문이리라. 이러한 노장 사상은 조선시대에 들어오면 우리 고유의 풍류사상과 함께 자신을 돌아보며 탐욕을 멀리하는 신선사상으로 이어진다.

'청산도 절로절로' 시조는 김인후의 작품으로 알려져 있다. 김인후는 조선 중기의 문신이며 유학자이다. 그의 학식은 해박하여 해동18현의 한 사람으로 불려 졌을 정도이다. 그러한 그는 35세 이후에는 고향에 돌아가 주자학 연구에 몰두하였으며 자연친화적이고 무위의 도가적인 삶을 살게 되었다. 또 이 시조를 송시열의 작품이라고도 한다.

청산도 절로 절로 녹수도 절로 절로
산절로 수절로 산수간에 나도 절로
이 중에 절로 자란 몸이 늙기도 절로 하리라
(병가瓶歌)

현대인은 바쁘고 고달프다. 이 시조 안에는 가장 아름다운 산천의 모습과 오염되지 않은 맑은 물소리가 살아서 울려 퍼지고 있다. 제일 마음에 드는 부분은 종장이다. 절로 자란 몸이 늙기도 절로 하리라는 말이다. 사람이 늙어가는 모습도 자연스러울 때 가장 아름답다. 나이가 점점 들어 노인이 되어가거나, 아니면 바쁘고 힘들 때엔 '청산도 절로 절로' 를 옆에 두고 친구해 보면 어떨까 싶다.

명사인 줄 알았더니…

– 시조, 황진이 '청산리 벽계수야'

황진이는 조선 중종 때 사람으로 개성의 명기로 알려져 있다. 기생인 신분이었지만 많은 선비들은 황진이의 마음에 들고 싶어 했다. 그렇지만 황진이의 눈에 들기란 하늘의 별을 따는 것처럼 어려운 일이었다. 그만큼 황진이의 재색은 당대 최고였다. 또한 기예는 물론이고 학문의 세계 또한 깊었던 것. 어느 누구도 만만한 상대가 아니었다.

어느 날, 종실의 한 사람인 벽계수는 황진이 때문에 안달이 났다. 친구를 찾아가 어찌하면 좋으냐고 털어놓았다. 그러자 친구는 진이의 집을 지나 루에 올라 술을 마시고 거문고를 한 곡 타라고 했다. 그러면 황진이가 옆에 올 것인데 그때 슬쩍 일어나 본체만체하고 말을 타고 가라고 일렀다. 어떤 일이 있어도 뒤를 돌아보지 말라는 당부도 잊지 않았다.

벽계수는 친구의 말을 명심하여 듣고 루에 올라 술을 마시고 거문고를 탔다. 그러자 절세미인 황진이가 벽계수의 옆으로 오는 것이 아닌가. 벽계수는 말을 하려다가 친구가 당부하던 말이 생각났다. 미련을 애써 참으며 황진이를 본체만체, 자리를 박차고 유유히 일어나 걸어 나왔다.

청산리 벽계수碧溪水야 수이 감을 자랑마라
일도창해一到滄海하면 다시 오기 어려워라
명월이 만공산滿空山하니 쉬어 간들 어떠리
(황진이黃眞伊, '청구영언靑丘永言')

갑자기 옥을 구르는 듯한 목소리가 뒤에서 들려왔다. 한 번 가면 다시 오기 어렵다고 은근히 자신을 노래로 유혹하는 것이 아닌가. 벽계수는 그만 창졸간에 말을 타고 달아나려다가 고개를 돌리고 말았다. 그러다가 말에서까지 떨어지고 말았던 것.

그 모습을 본 황진이는 깔깔 웃으며 말했다.

"명사인 줄 알았더니 풍류객이었구려." 하며 돌아갔다고 한다.

백아절현
伯牙絕絃

– 시조, '지음'

유백아兪伯牙는 춘추시대 진晉나라의 대부大夫이고 거문고의 달인이었다. 그가 어느 날 사신이 되어 고향인 초나라로 갔다.

마침 보름날이었다. 그는 은은한 달빛 아래 거문고를 타기 시작했다. 그의 거문고는 거친 산악을 지나는 것처럼 힘차고 거센가 하면 어느새 장강을 흐르는 물살처럼 힘이 있었다.

그때였다.

"참으로 멋진 곡이오. 내 생전에 이런 곡을 듣다니, 대단하시오."

그는 종자기라는 사람이었다.

그 후로 둘은 의형제를 맺을 정도로 가까웠다. 백아가 고산준령을 마음에 품고 거문고를 뜯으면 종자기는 태산준령을 넘는다고 하였다. 백아가 장강의 물을 생각하며 거문고를 타면 종자기는 양자강 배 위에서 닻을 보고 있는 것 같다고 하였다. 백아는 종자기에게 말했다. “당신이야말로 천하에서 내 노래를 알아주는 유일한 지음知音이요.” 이렇게 하여 두 사람은 의형제를 맺고 천년 벗이 되었던 것이다.

이런 일이 있은 다음부터 두 사람은 가끔 만났다. 한 사람은 거문고를 타고 또 한 사람은 거문고 소리를 들으며 음악에 심취하였다.
그러던 어느 날 백아는 종자기가 죽었다는 사실을 알고 놀란다. 그는 거문고를 메고 종자기의 무덤가에 갔다. 그곳에서 백아는 거문고를 펼쳐놓고 거문고를 타기 시작하였다. 그 음률은 산을 흔들고 파도를 갈랐다. 평생에 가장 아름답고 찬란한 음률이 흘렀다. 그러던 중 갑자기 ‘땅!’ 하는 소리가 천지를 진동하였다. 거문고 줄을 끊었던 것이다. 그 후로는 다시 거문고를 타지 않았다.

지음知音

자신의 탐욕 앞에 무엇인들 못 버리랴
어쩌다 오래 된 벗 낯선 사람보다 못해지고
돈 앞에, 내세우다가 등 돌리는 세태인데.

사람을 만나는 것, 참 마음을 나누는 일
웃어주며 박수치며 신뢰하는 인간관계
천하를 얻기 쉬워도 知音 얻기 어렵네.

불가득, 불가심
不可得　不可心

– 시조, '불가득 문답'

덕산이란 중이 있었다. 금강경 읽기를 매우 좋아하였다. 그는 중국의 북방에서 금강경 소초를 둘러메고 다니면서 호기를 부렸다. '금강경이야말로 천하제일의 경이 아니던가. 나만큼 터득한 사람은 없으리라.'

덕산은 금강경을, 부처님 법을 받드는 제일 중요한 경전으로 여겼다. 어디를 갈 때라도 꼭 금강경소초를 둘러메고 다녔다. 그런 일로 덕산을 보면 "저기 '금강경' 이 오신다." 할 정도로 알려졌다.

어느 여름날이었다. 그는 남방불교는 선지식이 뛰어나다는 소문을 들었다. '이 기회에 남방불교의 콧대를 꺾어보이리라.' 이렇게 생각한 덕산은 남쪽으로 발길을 옮겼다.

며칠을 고생한 보람이 있어 남쪽 지방에 들어섰다. 점심 무렵이 되자 배가 고파왔다. 허기를 면하려고 저자거리에서 기웃대었다. 마침 한 노파가 떡을 부치고 있었다. 덕산은 그 옆에 쭈그리고 앉아 군침을 넘겼다. 노파는 떡을 부치다가 힐끔 그 모습을 보고 물었다. "어디서 오시는 시님이요?" "저 북방의 큰 절에서 내려왔소이다." 노파는 재차 물었다. 덕산은 '큰 절' 이란 말에 힘주어 말했다. 노파는 그 말에는 아랑곳도 하지 않고 "그 걸망 안에 든 것은 무엇이오?" 하고 물었다. 덕산은 배고픔을 잠시 잊고 아주 호기 있게 말했다. "아, 이거 말이오? 노파께서 아시나 모르겠는데, 금강경이라 하오."

그 대답에 노파가 아주 반색을 하며 반긴다.

"내 여태 금강경 한 구절을 몰라 그러는데 대답해 주면 이 떡을 그냥 드리리다."

덕산은 자신이 평생을 바쳐 공부했고 금강경에 대해서만은 자신이 만만하였다. "내 노파의 물음에 답을 하고 점심을 얻어먹을까 하오. 무엇이든 물어 보시오, 친절하게 부처님의 법을 알려드리리다."

노파가 덕산을 보며 물었다.

"금강경 중에 과거심불가득過去心不可得, 현재심불가득現在心不可得, 미래심불가득未來心不可得이란 말이 있지요?"

"암, 암 있다마다요." 덕산은 점잔을 빼며 대답했다. "그런데 무슨 문제라도 있는 것이오?"

"스님은 조금 전에 점심을 먹는다고 하였습니다. 점심의 점點 자는 점찍을 '점' 이고 심心은 마음 '심' 입니다. 삼세심불가득三世心不可得이라 하였는데 스님은 어느 마음에 점을 찍겠습니까?"

덕산은 그 말뜻이 처음에는 어떤 말인지를 몰랐다. 그러다가 이것이 '법거량' 이란 것을 알고는 망치로 얻어맞은 듯 머리가 '띵' 해졌다. 일자무식 노파가 금강경 구절을 풀이해 달라는 줄 알았다. 그런데 이렇게 엄청나고 무서운 질문 앞에 덕산은 속수무책이었다. 뭐라 대답해야 할지 할 말을 잃었던 것이다. 덕산은 30년 금강경 공부가 한 노파의 물음에 의해 단박에 박살이 나는 것을 느꼈다. 얼굴이 벌개지며 우물쭈물하는 덕산을 본 노파는 덕산에게 떡을 구워주며 말했다. "머리로만 아는 공부는 진짜 공부가 아니지요. 불법을 더 깊이 공부하려면 이 근방의 용담원 숭신 스님을 찾아가보세요."

덕산은 떡을 먹는 일조차 노파 앞에서 조심스러웠다. 호기스런 태도는 어디에서고 찾아볼 수 없었다. 그 노파가 태산보다 큰 존재로 다가섰기 때문이다. 덕산은 떡을 잘 먹어 고맙다고 인사를 한 뒤 부랴부랴 그곳을 떠났다. 조금 더 있다가는 또 어떤 일을 당할지 몰라서였다.

덕산이 그곳에서 10여리 더 내려가니 노파가 말하던 용담원龍潭院이 나타났다. 덕산이 절 안으로 들어서니 아무도 나와 반겨주지 않았다. 그는 노파에게 망신을 당한 생각도 잊은 채 또다시 호기를 부리며 말했다.

"용담에 와 보니 용도 없고 물도 없구나! (是到龍潭龍不見潭不見: 시도용담용불견담불견)"

그 말을 듣고 어린 중이 나와 그를 객승이 머무는 방으로 인도하였다. 숭신 스님을 뵈러 왔다고 하니 쉬었다가 저녁에 방문하라고 하였다. 덕산은 저녁이 되어 숭신 스님을 만나게 되었다. 이런 저런 이야기를 하는데 모두 세상 이야기이지, 법담은 한 마디도 없다. 덕산은 못 내 아쉬워하며 방을 나서는데 어두워 신발을 신을 수 없다. 이리 저리 허둥거리는데 숭신 스님이 시자를 불러 빨리 등불을 밝히라 하였다. 시자가 종이 등을 밝히니 주위가 환하여 신발을 찾아 신을 수 있었다. 길을 나서려는데 갑자기 숭신스님, 확 불을 꺼 버렸다. 다시 주위는 깜깜한 어둠 세상이 되었다. 그 때 덕산은 큰 깨달음을 얻었다고 한다.

불가득 문답

보고 들은 머리 지식 참 도리가 아니었네
하찮아 보인다고 부처가 돌 되겠나
노파의 '불가득 문답' 이제 누가 답하시게

아직 메조 밥은 익지 않았네

– 시조, '한단지몽'

사람들이 바쁘다. 무엇 때문인가? 다 돈 때문이다. 바쁘게 살아야 하는 것도 돈 때문이지만, 돈 때문에 친하던 사람과 멀어지고 돈 때문에 가족과도 헤어지고 돈 때문에 곳곳에서 투쟁을 벌이고 돈 때문에 삶이 죽어나간다. 그러나 돈이 사람도 살리고 돈이 웃음과 즐거움도 준다.

이 희한한 돈을 옛 사람들은 구름에 비유했다. 한꺼번에 뭉쳤다가 졸지에 흩어지기 때문이다. 그러나 돈을 많이 벌었다는 사람조차 죽을 때 돈방석에 앉아 죽었다는 사람은 못 들어봤다.

그러니 사람의 삶이 물결 같다. 평생 돈을 벌려고 애를 쓰며 살아왔지만 돌아보면 어느새 돈도 없고 사람도 없고 부초처럼 흘러내려와 혼자 있는 자신과 자신의 그림자를 발견할 뿐이다.

노생의 이야기가 자못 의미를 준다.

당나라 현종 때, 도사 여옹呂翁은 한단의 한 주막에 여장을 풀고 쉬려고 할 때였다. 또 한 명의 사람이 주막에 들어서더니 여옹의 옆

자리에 앉았다. 한 눈에 봐도 행색이 무척이나 초라해 보이는 젊은 이였다. 얼굴은 죽도록 고생을 하여 찌든 모습이었다. 그는 여옹의 옆에 앉더니 푸념을 늘어놓기 시작했다.

"난 산동에서 농사를 짓던 사람이오. 아무리 애를 써 봐도 남는 게 없으니…. 노형은 어디에서 오셨소? 죽을힘을 다해 노력해도 먹고 살기가 너무 힘드오."

노생은 여옹을 보며 묻는다. 여옹은 대답대신 물끄러미 노생을 바라보기만 한다. 무슨 이야기라도 다 들어줄 것처럼 귀를 열어놓고 어떤 이야기라도 해 보라는 듯이…….

노생은 사는 게 힘들고 고단하다고 하며 또 푸념을 늘어놓았다.

"아, 언제 쯤 부귀영화를 실컷 누려보고 살다 갈 수 있을까?" 그러다가 꾸벅꾸벅 졸기 시작한다. 무척 피곤했었나 보다.

그 때 주막의 주인은 메조를 씻어 솥에 넣고 밥을 지으려고 하였다. 여옹은 노생이 조는 걸 보고 보따리 속에서 베개를 꺼냈다. 그 베개는 양쪽으로 구멍이 뚫려 있었는데 도자기 베개였다. 여옹은 그 베개를 노생에게 건네었다. 노생은 도자기 베개를 베자, 이내 잠이 들었다.

베게의 양쪽 구멍이 점점 커지고 있었다. 노생은 이상히 여겨 그 구멍 속으로 들어가 보았다. 그곳에는 고래 등 같은 집이 있었다. 그 집은 최 씨 성을 가진 명문가의 부잣집이었다. 노생은 그 집의 딸과 결혼을 하였다.

노생은 결혼 후에 공부를 하여 과거시험을 보았다. 과거에 합격하여 점점 높은 벼슬길에 올랐다. 어사대부 겸 이부시랑에까지 올랐다. 그러나 재상의 미움을 받아 단주자사로 좌천되었다. 3년 후엔 운이 좋아 호부상서로 다시 조정에 들어와 고위관직을 맡았다. 그리고 얼마 후에는 재상이 되었다. 이후 10여 년간 황제를 잘 보필한 명재상으로 이름이 높았다.

그런데 갑자기 다른 자들이 모함하여 역적으로 몰렸다. 변방에 있는 장군과 결탁하여 모반을 꾀했다는 것이었다. 노생은 체포될 때에 억울함을 금할 수 없었다.

"고향 산동에서 농사를 지으며 살았으면 이런 억울한 누명은 쓰지 않았을 텐데, 내 어찌하여 벼슬에 탐을 냈단 말인가. 그 옛날 누더기를 걸치고 거친 음식을 먹을 때에는 마음은 편했는데……. 그 때가 그립구나!"

노생은 억울해하며 자결을 하려고 했다. 그러나 아내와 자식들이 말리는 바람에 뜻을 이루지 못했다.

노생과 같이 잡힌 사람들은 모두 죽음을 당했다. 그러나 노생은 환관의 도움으로 변방으로 유배를 가는데 그쳤다. 그 후에 억울한 죄인임이 밝혀졌다. 그래서 다시 벼슬길에 올랐다. 중서령에 임명되고 연국공에 책봉되었다.

이후 노생의 아들 다섯은 모두 고관대작이 되었고 손자만 해도 10명이 넘었다. 노생은 만년을 행복하게 보내며 부귀를 다 누리다가 80세에 생을 마쳤다.

노생이 깨어나 보니 그야말로 한바탕 꿈이었다. 옆에는 여전히 여옹이 앉아있고 주막집 주인이 짓던 메조 밥은 아직도 다 익지 않은 채였다.

여옹은 깨어난 노생을 보며 웃으며 말했다.

"인생은 다 그런 거라네."

노생은 여옹에게 허리를 굽혀 공손히 인사를 하고 한단을 떠났다.

한단지몽

주막집 아낙이 메조 밥 쌀을 씻네
오욕과 부귀영화 그대 언제 깨려나,
메조 밥 차릴 밥상이 그리 멀지 않았다네.

노생은 온갖 부귀영화와 욕됨, 죽음까지 꿈속에서 겪었다. 그는 모든 게 부질없는 욕망임을 알았다. 노생은 깨우침을 준 여옹의 말없는 가르침에 절로 머리가 숙여졌던 것임을 ….

노생의 이야기는 '한단지몽邯鄲之夢' 이란 소설이다. 한단지몽은 당나라 문인 심기제가 쓴 〈침중기枕中記〉라는 전기소설傳奇小說 가운데 나오는 이야기이다.

산의 풍미에 들다
風美

– 시조, '백년의 벗'

부귀와 빈천이 다투고 명예와 치욕이 어울려 사는 세상이다.

이를 버리고 산으로 떠난 사람들이 있다.

율곡은 어머니를 여의고 잠시 금강산으로 길을 떠났다. 매월당 김시습은 세조가 왕위 찬탈을 했다는 소식을 듣고 방랑의 길을 떠난다. 사랑에 실패 한 사람도 산을 찾는다.

지난 번 텔레비전에서 한 노인이 산속에 사는 모습이 방영되었다. 그는 산을 찾아가서 혼자 움막을 짓고 그곳에서 줄곧 생활하고 있었다. 연유를 물어보니 사업 실패에다 어린 자식들을 모두 잃었다. 그의 충격은 얼마나 큰 것이었을까. 그는 산으로 들어왔다. 맑은 바람의 부드러움과 날마다 뜨는 태양의 아름다움을 그때에야 느꼈다고 한다.

이미 타계한 법정 스님은 산중의 오두막집에 살면서 홀로 사는 즐거움을 이야기 한 적이 있다. 그는 산중에서 철 따라 피는 꽃소식을 듣는다고 했다. 신문과 방송을 듣지 않는단다. 정치는 없고 온갖 비리의 부정과 싸움만 지속되는 너절한 정치 집단의 이야기를 듣는 데에는 일반 속인들도 진저리가 난다. 하물며 산인山人이야 오죽하랴. 그는 가끔 집을 비웠다가 오랜만에 돌아와 군불을 지피고 물을 데워 구석구석 청소를 한다고 하였다. 산중의 빈 집에 군불을 지피는 일은 얼마나 운치가 있는 일일까? 굴뚝에서 피어오르는 연기만 봐도 마음이 차분해질 것이다. 물을 끓여 더운물에 걸레를 헹구어 구석구석 먼지를 닦는 기쁨도 클 것이리라.

산은 봄이 되면 어디나 꽃이 무리지어 모양을 뽐내고 여름은 무성함으로 삶의 치열함을 보여준다. 가을이면 만산홍엽의 자태를 드러내며 정취를 자아내고 겨울엔 잎 떨군 나무의 꿋꿋한 기상을 산으로부터 배우게 되니 산이야말로 백년의 벗이다.

산은 사람들에게 아무런 이익을 구하지 않는다. 그러나 산은 방황하는 사람들을 따뜻하게 맞아주고 새 생명을 불어넣어 준다. 산은 사람들의 진정한 이웃이다. 사람을 만나면 피로가 쌓이지만 산을 만나면 새로운 힘이 쌓이기 때문이다.

나도 자주 산을 찾아간다. 산을 찾으면 산은 말이 없어도 내 옆에 조용히 다가앉는 것을 느낀다. 그리고 내 마음의 상처를 보듬어준다. 2009년 9월 9일에는 사랑하는 딸을 저 세상으로 보내고 2010년 6월 27일에는 사랑하는 아내를 잃었다. 마음 둘 데가 없어 틈만 나면 산을 찾았다. 산과 함께 있으니 치유가 되는 것 같았다. 그랬다. 산은 침묵으로 품어주는 진실한 벗이었다. 나는 산의 풍미風美 속에서 하루해가 뜨고 저무는 생활을 보내는 것이 그런대로 행복하다.

백년의 벗

말 건네면 멀찍이 강만 보고 앉았더니
외로워서 이제는 산이 먼저 다가오네
내 옆에 숨 쉬고 있는 백년의 벗, 깊은 도반

미소를 보내어도 언제나 묵묵부답
그 적막 외려 좋아 마음으로 듣는 언어
오늘은 산 옆에 또 하나 고요가 와, 벗 했네

시조에 곁들여 마음 달래던, 술

– 시조, 왕방연 '천만리 머나먼 길에'
– 시조, 이항복 '철령 높은 봉에'
– 시조, 윤선도 '잔 들고 혼자 앉아'

몇 잔의 술과 시조는 궁합이 잘 맞는다.

왕방연은 폐위된 단종이 영월로 유배될 때 의금부도사가 되어 호송해 갔다. 그는 한양으로 돌아오던 중 냇가에 앉아 흐르는 물을 하염없이 들여다보았으리라. 그리고 주막에 들러 몇 잔의 술로 마음을 달래며 기약 없던 이별의 아픔을 시조로 그렸음을 짐작할 수 있다.

천만리 머나먼 길에 고운님 여의옵고
내 마음 둘 데 없어 냇가에 앉았으니
저 물도 내안(내 마음) 같도다 울어 밤길 예놋다(흐른다).

(왕방연王邦衍, '청구영언靑丘永言')

조선시대의 학자이며 정치가인 이항복은 북청으로 유배를 가는 도중 철령을 넘고 있었다. 그곳에서 이항복은 임금에 대한 그리움과 원망을 시조라는 잔에 담아 높이 들어 올렸다.

철령鐵嶺 높은 봉에 쉬어 넘는 저 구름아
고신원루孤臣寃淚를 비삼아 띄워다가
임 계신 구중심처에 뿌려 본들 어떠리
(이항복李恒福, '해동가요海東歌謠')

그가 인목대비 폐모론에 반대하다가 대북파의 미움을 사서, 끝내 광해군은 이항복을 북청으로 귀양 보냈다. 귀양길에 오른 이항복은 철령 높은 재에 올라 대궐을 바라보며 눈물을 흘린다. 그러면서 시조 한 수를 술처럼 올렸던 것이리라.

그런데 그는 북청에 가서 자신과 다르게 살아가는 한 촌로의 모습을 보고 놀란다. 자신이 기거하는 집은 강윤복이란 촌로의 집이었다. 강윤복은 평생을 그 마을에서 살았는데 아무 벼슬도 없고 그저 평범하게 살아가는 노인이었다. 때가 되면 식사를 하고 친구를 만나면 약간의 술을 들며 세상 이야기를 하며 시간을 보냈다. 그리고 집안을 잘 다스려 먹고 사는 데 부족함이 없었다. 그야말로 부드러운 마음과 행동으로 평화와 행복을 누리는 사람이었던 것이다. 이항복은 그 노인과 지내며 약간의 술을 먹는 시간이 행복했다. 그러면서 노인의 삶을 보고 느꼈다. '아! 내가 그동안 권력의 소용돌이 속에서 어찌 이리 분주하게 살았던고! 한 잔의 술에 인생을 풀어 넣고 담담하게 살아가는 여기, 이 노인의 삶이야말로 평생 부러워할 일이구나.' 이항복은 그런 생각을 마지막으로 하면서 그곳에서 세상을 떠났다.

부귀영화를 누리며 살아야만 반드시 좋은 것이 아니란 것은 동서고금의 역사를 통해 보면 쉽게 알 수 있다. 화려하게 타오르는 불꽃 다음에는 싸늘한 재가 남게 되는 것과 같이 부귀와 영화 뒤에는 쓴 맛을 보는 일이 종종 있기 때문이다.

시조 문학의 큰 봉우리를 이룬 고산 윤선도 또한 술과 관련된 시조를 남겼다.

잔 들고 혼자 앉아 먼 뫼를 바라보니
그리던 임이 오다 반가움이 이러하랴
말씀도 웃음도 아녀도 못내 좋아하노라
(윤선도, '고유孤遺')

혼자서 잔을 들고 산을 보고 있으면 그리운 임보다도 반갑다고 하였다. 술도 먹는 방법에 따라 품계가 있다. 여럿이 떠들며 먹는 술은 하층의 단계이고 다정하게 둘이 먹는 술은 그 다음 높은 단계이고 최상 단계는 혼자 마시는 고주孤酒의 단계인데 윤선도는 시조 또한 상격이지만 주도酒道에 있어서도 최상층에 있었다. 혼자 술잔을 들고 먼 산을 바라보는 윤선도의 술 잔 안에는 외로움을 어루만져 주는 자연의 모습이 담겼을 것이었다. 또한 그의 마음 안에는 자연과 벗하는 순수한 즐거움이 있었을 것이다. 부귀는 이미 멀어진 지 오래인 듯. 시와 술을 즐기는 그의 모습에서 고아한 품격을 느끼게 된다.

청초 우거진 골에

– 시조, 임제 '청초 우거진 골에'

조선의 문인 중에 호방한 기운을 들라고 하면 임제 만한 사람도 드물 것이다. 그는 세상을 손바닥에 담고 다닌 풍류 선비이다. 절세가인 황진이의 무덤 앞에 찾아가 그의 죽음을 슬퍼하는 조시弔詩를 썼으니 …

> 청초 우거진 골에 자는다 누웠는다
> 홍안을 어디 두고 백골만 묻혔는다
> 잔 잡아 권할 이 없으니 그를 슬허 하노라
> (임제林梯, '병가甁歌')

임제, 백호白湖는 그의 호이다. 시대와 시간을 초월하여 풍류거사로 삶을 누빈 사람.

초장부터 시조를 풀어나가는 모습이 예사롭지가 않다. "청초 우거진 골에 자느냐? 누웠느냐?" 하는 임백호의 모습이 능청스럽기도 하고 다정하기도 하다. 홍안은 어디 두고 백골로 묻혔느냐며 중장에 와서는 죽음의 허무감을 담담하게 달래고 있다. 종장은 슬픔과 아쉬움으로 끝맺으며, 그리움의 모습을 그려내었다. 진한 감흥을 연출해내는 글의 모양새가 독보적이면서 빼어나다.

봄날, 술을 들다

– 시조, '봄날 술을 들다'

술맛이 좋은 계절을 보면 아무래도 가을 보다는 봄이다. 안개 낀 산을 바라보거나 단풍 들고 나뭇잎 떨어지는 가을에는 한 잔의 차가 마음을 보듬어준다. 매화 피는 이른 봄이나 복사꽃 피는 날에는 한 잔의 술이 흥겨움을 준다.

나는 아내가 세상을 떠난 지 10년이니, 홀로 사는 홀아비다. 어느 봄날 저자거리를 기웃거리다가 한 주점엘 들렀다. 마침 시장기가 있던 터라 닭 국밥을 시켰더니 주모가 한 상 잘 차려 내왔다. 그러면서 먹고 힘내라고 마늘을 듬뿍 얹어주는 것이 아닌가. 삐쩍 마른 내 꼴을 보고는 걱정이 들었던 모양이다.

나는 어느 늦은 봄날, 일을 끝내고 돌아오는 길에 그 과수댁이 열어놓은 주점에서 함께 술을 대작했다. 그 날은 왜 그런지 그 과수댁이 뿌루퉁해 있었다. 나는 술을 건네며 얼굴을 피고 살라고 말했다.

"얼굴 필 게 뭐 있어야 재?"

내가 무슨 잘못을 저지른 것 같이 내 눈을 똑바로 보고 말한다. 참말 어이가 없었다. '그래도 어쩌랴, 술친구도 인연인데…' 한 잔 술에 두잔, 석잔 술까지 먹다가 돌아서 나왔다.

어둑한 밤길에 발걸음이 휘어졌지만 그래도 기분은 좋았다.

봄날 술을 들다

여보게 과수댁, 화 풀고 한 잔 하세.
슬픈 일 지나가면 기쁜 일도 올 수 있지
아무렴, 이 나이 들어 나무랄 일 뭐 있겠나

도가의 어떤 노인
道家

– 시조, '송하노인'

노자는 BC 6세기경의 사람으로 중국에서 활동한 제자백가의 한 사람이다. 그의 말씀을 기록한 도덕경은 유명한 도가의 경전으로 널리 알려져 있다.

노자는 성은 이李요 이름은 이耳라고 하였으니 그 이름처럼 세상 만물 가운데 들리는 소리를, 마음의 소리로 듣고 이치를 깨우친 듯하다. 도교에서는 그를 태상노군太上老君으로 신격화하여 부른다. 태상노군은 도교에서 말하는 삼청三淸의 한 분이다. 삼청은, 태초의 시작을 뜻하는 우주적인 존재로서의 원시천존元始天尊과 영험한 보석으로서의 우주적인 존재인 영보천존靈寶天尊 · 태상도군太上道君, 그리고 길과 덕으로서의 우주적인 존재인 도덕천존道德天尊 · 천상노군太上老君을 가리키는 말이다.

또 노자의 이야기 중에는 도덕경을 지은 유래를 전하는 이야기가 있다. 사마천司馬遷이 쓴 〈사기〉의 노자전老子傳에는 노자가 주周왕실의 사관이었다고 한다. 노자는 주나라가 망해가는 것을 보고 서쪽을 향해 길을 떠났다. 그때 노자는 푸른 소를 타고 함곡관函谷關을 지나고 있었는데 함곡관지기 윤희尹喜가 이를 알아보았다. 그때 윤희가 가르침을 얻고자 하였는데 그 책이 도道와 덕德을 말한 도덕경이라고 한다.

노자는 도덕경에서 인위人爲 보다는 무위無爲를, 분주함 보다는 고요를 지극한 선善의 경지로 보았다. '최상의 선은 물과 같은 것이다' 라고 말한 '상선약수上善若水' 의 물은 고요함과 낮음을 의미한다.

도가에서는 신선이 되는 것이 목표이다. 신선은 좋은 곳에 살며 불로장생하는데 신선이 되기 위해서는 선약을 먹어야 한다. 불사의 몸으로 지극한 즐거움을 누린다면 이 말에 미혹되지 않는 사람은 거의 없을 것이다. 진시황조차 선약인 불로초를 구하기 위해 선남선녀 오백 명을 모아 동방으로 보내지 않았던가.

맑고 고요하여 정적인 세계의 극치를 이룬, 비어 있음의 우주적인 충만이야말로 깊이를 없앤 고요라고 할 수 있다. 나는 이런 고요 속에 사는 한 사람을 만난 적이 있다.

10 여 년 전 나는 정선의 한 시골마을에서 고요를 벗하며 사는 한 노인을 만날 수 있었다. 소나무 아래에 빈옥貧屋이 있었는데 노인은 아궁이에 불을 지피고 있었다. 나무 타는 향기에 머리가 띵할 정도로 좋았다. 노인의 몸매는 좀 마른 편이었는데 검고 흰색이 알맞게 섞인 머리카락을 뒤로 묶고 있었다. 얼굴은 연륜을 엿보는 주름이, 오히려 편안함을 주었다. 산에서만 생활해서인지 눈빛은 깊고 그윽하고 피부는 아이처럼 윤기가 흘렀다. 노인은 일하다 쉴 참이면 커다란 소나무 아래에 혼자 앉아 있었다. 그 모습이야말로 신선이었다.

나무를 패는 노인의 도끼질은 예사 모습이 아니었다. 도끼가 허공에 솟았다가 내리쳐질 때마다 소나무는 붉은 배를 드러내고 갈라졌다. 그때마다 허공에서 울리는 금빛 소리들이 노인을 가득히 에워싸고 있었다.

그 노인의 모습은 도가적인 삶이었다는 것을 안 것은 훨씬 나중의 일이었다. 나는 그 후 한 번도 찾아가보지는 않았지만 늘 그 노인이 어찌 지내는지 궁금하였다.

송하노인

소나무 아래에 한 사람이 기거했네
피부는 윤이 나고 눈빛은 맑았지
무위로 삶을 일구던 푸른 소 같던 노인.

허공에 솟았다가 내려오는 도끼질
나무의 함성이 찰나처럼 흩어졌다
색 바랜 목숨의 순간들, 한 호흡을 지켜봤다

아내의 긴 여행

– 시조, '눈 내리는 날'

2010년 12월 9일 강릉에 첫 눈이 내렸다. 2009년 11월 6일, 첫 눈이 내리던 아침. 아내는 첫 눈 소식을 병상에서 알려주고 이듬해 6월, 세상 밖으로 긴 여행을 떠났다. 나는 아내를 생각하며 술을 마셨다. 내 마음이 눈처럼 하얗다. 그리움마저 온통 희다.

눈 내리는 날

흩날리는 흰 눈발은 그리움의 하늘 음악
누가 뜯는 가락인가 휘몰이로 내려온다
볼수록 아득해지니 석 잔 술에 취했네.

둥기둥 거문고 소리 마음으로 듣는 오후
어질도록 맑은 음표 세상 고뇌 다 덮어라
그리고 우리네 옹이, 희디희게 감싸게나.

나는 눈이 내릴 때면 먼저 간 아내를 떠올리며 눈 잎 사이로 번지는 하늘의 음률을 듣는다. 흩날리는 눈은 하늘 거문고가 뜯어내는 음표들이다. 또한 눈은 내 마음에 박힌 아픈 옹이를 감싸 안고 용서와 자비의 말을 전하는 물의 변신이리라.

매화 향기 짙은 밤

– 시조, '매화 송'

매화 향기 짙은 밤, 고목에 둥실 걸린 한 채의 달을 만나면 그게 바로 신선이 노니는 선경仙境이요, 자연과의 감성을 소통하는 길일 것이다. 매화가 흐드러지게 피어 향기 붉은 밤, 내 오늘은 붓이 되어 그대의 화지에 달 한 덩이를 낙관으로 펑 찍어 넣는다.

매화 송頌

내 오늘 붓이 되니 당신이 화지畵紙로다
내긋고 휘몰아치니 혼절 속에 뜨던 향기
어스름, 달 한 덩이를 낙관으로 찍었다

지금이야 봄이 되면 지천에 깔린 게 매화이지만 옛날에는 흔한 나무가 아니었다.

임포거사는 매화를 아내로 삼아 한 생을 보낼 정도로 매화에 심취하였다. 나는 그냥 고절한 향기가 좋아 매화에 대한 관심이 남다르다. 혹독한 겨울이 되어도 매화는 향기를 팔지 않는다는 신흠선생의 한시에서 보듯 진한 향기에 매료되고 함부로 할 수 없는 그 모습에 자연히 존경의 마음이 일어난다.

매화가 피는 밤, 절정으로 치닫는 아름다운 밤이다.

마음이 어린 후이니

– 시조, 서경덕 '마음이 어린 후이니'

봄이면 화려한 꽃잎의 색채가 눈부시다. 그러나 여름이 지나고 가을이 되면 누구나 호수에 어리는 별빛만큼이나 엷고 쓸쓸해진다. 높이 뜬 달은 밝을수록 허전하고 계곡의 물소리가 맑을수록 허전함은 더해 간다. 바람에 한 잎 두 잎 날리는 나뭇잎을 보고 있으면 지나온 세월의 추억이 나뭇잎처럼 스러지는 것 같아 서글픔마저 들터!

임제는 황진이의 무덤에 가서 술 한 잔을 건네며 '청초 우거진 골에' 를 선사하였다. 도학자인 화담 서경덕 선생 역시 당시 황진이에 대한 얼마간의 마음은 있었나 보다.

마음이 어리 후이니 하는 일이 다 어리다
만중운산萬重雲山에 어느 님 오리마는
지는 잎 부는 바람에 행여 귄가 하노라
(서경덕, '해동가요')

늘 보는 것은 산과 구름이니 손님이야 바람과 구름, 물소리 밖에 더 있겠느냐. 그런 마당에, 어느 사람이 올 리 있겠느냐며 신경을 쓰지 않으려 한다. 그러나 지는 잎, 바람소리에 흔들리는 마음까지는 어찌할 수 없었던 모양이다. 오히려 서경덕에게 그런 마음이 있었기에 도학자 서경덕의 인간적인 면이 더욱 따스해 보인다.

간곡한 그리움을 만나다

– 시조, 김상용 '사랑이 거짓말이'

김상용金尙容(1561–1637)은 간곡한 그리움에 대한 글을 시조로 표현하였다. 김상용의 시조에 나타난 임은 '나라' 이거나 '임금' 이라고 여겨진다. 시조에 나타난 마음은 매우 치열하다. 이런 치열성은 그를 애국심으로 키워갔다.

병자호란이 일어나고 청군이 강화로 쳐들어왔을 때 그는 남문의 성루에서 화약궤를 지고 자폭하였다. 그의 장렬한 애국적 투혼은 이미 그의 시조에 암암리에 드러나 있다. 김상용은 난이 평정되고 난 후에 영의정에 추증되었다.

사랑이 거짓말이 임 날 사랑 거짓말이
꿈에 와 뵌닷 말이 긔 더욱 거짓말이
날갈이 잠 아니 오면 어느 꿈에 뵈오리
(김상용金尙容, '병가甁歌')

위의 시조는 조선시대 선조, 인조 임금을 모신 문인이며 정치가인 김상용金尙容의 작품이다.

임이 나를 사랑하는 것이 거짓말이라고 한다. 속으로는 더욱 절실히 믿고 싶은 마음이 있기 때문에 거짓말이라고 했다. 임은 꿈속에서 찾아온다고 하였는데 그건 더욱 거짓말이라고 한다. 그러나 종장을 보면 임의 말이 거짓이 아님을 알 수 있다. '날같이 잠 아니 오면 어느 꿈에 뵈오리' 라고 한탄을 하였다. 아픔과 미련, 원망이 은근히 뒤섞인 글이다. 꿈에 와 뵌다고 한 임의 말은 거짓이 아닌데 내가 잠을 못 자니 꿈을 꿀 수 없기에 임의 말이 거짓이라고 말 한 것이다. 임을 사랑하는 뜨거운 마음을 점층적으로 표현한 것이 독보적인 표현법을 만들었다.

유년의 겨울, 냉혹의 미

– 시조, '고향집의 겨울'

겨울은 사람이 생활하기에 추운 계절이라서 별로 사람들이 좋아하지 않는 것 같다. 그러나 나는 겨울을 좋아하였다. 그리고 '겨울을 들인다', '겨울을 세운다'는 뜻으로 쓰이는 '입동立冬'이란 말을 더 좋아하였다. 세운다거나 들인다는 뜻으로 받아들이면 적극적인 의지 같은 것이 스며있어서 색다른 즐거움이 있기 때문이다.

고향집의 겨울

유년의 겨울날은 얼마나 매서웠나
세수를 하고 나면 달라붙던 문고리
냉혹한 문고리 사랑 아침마다 다가섰지

아궁이 앞에서는 송진 내음 풀풀 났지
장작이 활활 탈 때 가득 차던 수증기들
쇠여물 끓고 난 후면 아랫목도 자글자글

유년의 고향집 겨울은 매우 추웠다. 세수를 하고 문고리를 잡으면 문고리가 쩍쩍 달라붙어 손이 잘 떨어지지 않았다. 새벽녘에 어머니는 가마솥에 쇠죽을 끓이느라 바쁘셨다. 아궁이엔 송진 내음을 내며 장작이 활활 타고 있었다. 쇠여물이 끓으면서 아랫목도 자글자글 끓었다. 이윽고 할머니께서 쇠여물을 푸면 부엌이 온통 희뿌연 수증기로 가득하였다. 황소가 열심히 여물을 먹을 즈음, 꽃잎 같은 눈이 내리면 제격이었다. 눈은 회색빛 나뭇가지 사이로 자꾸 내리고 길은 숨어버렸다. 굴뚝에선 짙은 연기가 뿜어져 나오고 쌓인 눈 때문에 마을은 점점 깊어져갔다. 고향집 초가지붕 아래엔 소년이 생각을 모자처럼 쓰고 눈을 맞고 있었다.

1960년대, 그때엔 정말 눈이 집의 지붕을 덮을 정도로 많이 내렸다. 그렇게 많은 눈이 와도 사람들은 당황하지 않고 오히려 눈 굴을 뚫으며 이웃집을 드나들며 생활을 이겨냈다. 눈이 푹 쌓이면 새끼를 꼬며 겨울밤을 지새기도 하였다

그 때 그 추위의 냉혹한 미는, 살면서 겪는 어려움의 고비를 이겨낼 수 있는 힘이 되기도 하였다.

절망에 넘어지고 절망에 일어서고

– 시조, '여울목'

시조 한 수 때문에 절망하고 환장했다. 그럭저럭 20여년이 훌쩍 지나버렸다. 절망은 늘 서성이던 사랑처럼 매달렸지.

내 이제 눅눅하게 묻은 절망에 대해 말문을 열고자 한다.

여울목

내 못 잴 여울목에 눈썹이 하얀 사랑
철마다 단비 내려 무성하게 자라나도
망치여 가슴의 못질, 앓을수록 푸른 깊이

살다보면 미운 친구처럼 찾아오는 게 절망이다. 절망은 육신을 지치게 하고 영혼을 피폐하게 한다. 사람살이를 하면서 어디 몇 번씩, 절망을 만나지 않은 사람이 있겠는가? 크건 작건, 무겁던 가볍던, 절망을 만나면 유쾌하지가 않다.

나 또한 살아오면서 크고 작은 절망에 시달리며 지냈다. 불쑥불쑥 찾아드는 절망이란 고달픈 친구, 나는 허기진 강 언저리에 기대어 방랑하다가 물풀처럼 떠다니는 잠을 자기도 했다. 그래서 앞에서처럼 시조 한 수를 썼던 것이다.

그러나 이 절망은 다른 이의 시조 한 편을 읽고 일어서게 되었다. 그 후 내 삶에서 절망은 곧 희망이라는 걸 알게 되었다.

몸과 마음이 극도로 궁핍했을 때 나는 분노하고 또 분노하며 잘못의 원인을 다른 사람과 사물에게 돌리며 악귀 같은 생각에 날뛰고 있었다. 그리고 절망의 깊은 어둠을 향해 천천히 걸어갔다. 절망 속에서 만난 것은 이호우의 〈바위 앞에서〉 였다. 바위 앞에 서서 절망을 배우고 바위에 금이 가는 바위의 주름살을 보면서 세월의 아픔을 느끼던 이호우.

시조 '바위 앞에서' 는 내게 과분한 아름다움으로 다가왔다. 절망을 배워 바위 앞에 서는 마음은 절망에 대한 사랑이 있어야 가능하다. 비 오고 바람 부는 무수한 세월의 주름살을 새기는 바위 앞에 더 무슨 말이 필요하랴. 바위도 세월도 아파서 또 한 줄 금을 긋는 수용受容의 미학을 나는 터득할 수 없었다. 아직도 상처를 아파하는 미움의 덩어리가 가시지 않았기 때문인가.

절망이 내게 준 선물은 '불안' 이라는 지팡이였다. 나는 그곳에서 벗어날 수 없었다. 절망의 늪에서 불안의 지팡이에 의지하며 허우적거렸다. 그리고 흘러가고 있었다.

문득 책장을 넘기다가 도끼날처럼 눈에 콱! 찍혀오는 작품이 있었다. 임찬일 시백의 시조 '물' 이었다. 조선시대의 호기찬 시인 임백호를 자연스럽게 떠올리게 되었다.

물의 내려옴은 맑은 혼의 강림이라, 가장 높은 곳에서 닿고자하는 곳이 가장 낮은 곳이 아니던가. 내 몸속에서도 사유의 강물이 졸졸

졸 흘러내리고 있었다.

내 몸의 한 가운데를 무엇인가 적시고 있었다. 빗소리였다. 나는 빗소리를 흠뻑 맞으며 앉아 있었다. 물이 내속의 계곡 사이를 열어젖히고 내려온다. 모였다가는 소沼를 이루고 다시 아래로 내려가고 있었다. 모난 돌을 쓰다듬기도 하고 막힌 곳에서 고였다가 넘쳐흐르고 바람보다 부드러운 살이 되어, 가는 곳마다 그 모양은 변해흐르면서 멀어져갔다. 딱딱한 것 앞에서도 소리 없는 부드러움으로 감싸고 그냥 흘러가기만 하는 물의 얼굴을 보았다. '물이 되거라!' 물이 되거라!' 절망은 어둠 속에서 조용한 희망의 소리로 다가오고 있었던 것이다.

슬픈 미완의 사랑

– 시조, '당완'
– 시조, '육유'

북송 때의 여류 시인 당완은 한 사내를 사랑하였으니, 그는 북송의 무장이던 육유였다. 육유 역시 무장이면서 애국시인으로 널리 알려져 있고 가장 많은 시를 쓴 시인으로도 손꼽힌다.

당완

끝끝내 삭혔지만 기어이 곪아 터졌다
빗소리 바람소리 모두가 눈물이라
난難 난難 난難, 저승 길에다 울음 토한 언어들

이 시조는 내가 당완의 사랑을 생각하며 쓴 시조이다. 사랑하면서도 끝내는 돌아서야 했던 정인 들이 어찌 당완 뿐이랴. 그러나 당완은 그토록 사랑 하면서도 그 아픔을 시로 토로한 작품이 심금을 울리는 까닭이다. 조선의 여류 시인 홍랑이 은근함과 그리움에 대한 빼어난 작품 완성도를 높였다면 당완은 격정적인 가슴을 어쩌지 못해 사랑에 대한 격정을 감추지 않고 드러낸 점이 호감을 갖게 한다.

육유

모친의 말씀을 거스르기 어려웠나
허무의 미아 같은 사랑의 빈자리여
막莫 막莫 막莫 처절한 아픔 비명 토한 그리움

육유 역시 어머니의 말씀을 거스를 수가 없어 당완과의 이별을 가슴 깊이 새긴 사람이었다. 위의 작품 〈육유〉는 당완에 대한 육유의 사랑을 시조로 그려 본 작품이다.

육유와 당완은 이종사촌 동생으로 어릴 때부터 서로 잘 아는 사이였다. 소꿉친구처럼 지내다 나이가 들면서 서로 좋아하는 사이가 되었다.

당완은 책을 많이 읽고 문장에도 능하여 시를 잘 지었다. 그 마을에서는 여류시인으로도 알려졌다. 두 사람은 시를 함께 읽기도 하고 좋은 곳은 함께 가보면서 정이 들었다.

육유의 나이 20세가 되던 해 드디어 두 사람은 결혼을 하였다. 미모도 뛰어나고 총기와 재주, 음식 솜씨까지 뛰어난 당완이었다.

그러나 시어머니는 당완을 못마땅하게 여겼다. 시를 잘 쓰기에 아녀자로써의 기품을 잃는다고 여겼고, 무엇보다 매년 육유가 과거시험에 낙방한 것을 당완의 탓으로 여겼다. 거기에다가 몇 년이 지나도 자식을 낳지 못하였다. 점점 시어머니는 당완을 심하게 괴롭히기 시작했다. 시간이 지나자 이런저런 트집을 잡아 심하게 구박하기 시작했다. 한마디로 며느리를 잘못 들였다고 굳게 믿었던 것이다. 며느리를 못살게 구는 정도가 도를 넘어섰다.

그럴수록 두 사람은 더욱 사랑하는 사이가 되었다. 어머니는 두 사람을 떼놓는데 혈안이 되어 있었다.

급기야 시어머니는 당완을 멀리 내쫓았다. 육유는 인근에 당완을 몰래 숨겨두고 계속 만나 사랑을 나누었다. 얼마 지나지 않아 이 일을 또 육유의 어머니가 알게 되었다. 그러자, 육유의 어머니는 본인이 정해 준 왕씨 성을 가진 여인과 강제로 혼인을 시켰다. 이 사실을 알게 된 당완도 친정어머니의 권유로 조사성이란 시인에게 개가를 하였던 것.

실제로 육유는 과거시험에 계속 떨어졌다. 29세 때에야 진사 시험에 1등을 하였다. 그러나 재상 진회秦檜의 방해로 전시殿試에서 낙방하였다. 진회가 죽고 나서, 34세에 이르러서야 처음으로 관직에 임용되는데 그 후 미관말직으로 지방관을 전전했다. 관직에 있으면서 요직에 있는 관리를 비판하여 미움을 받았기 때문이다. 그러한 결과로 몇 번이나 면직되기도 했다. 항상 금나라에 항쟁하기를 원했다. 강직한 마음으로 나라사랑에 일념이었던 육유는 떠돌다가 66세부터 20년간 고향에서 어려운 생활을 하며 지냈다.

육유의 나이 31세 되던 해 봄. 육유는 당완을 잊을 수 없어 흔적이라도 찾기 위해, 옛날 당완과 함께 거닐던 곳을 찾아갔다. 그곳은 절강성 소흥의 우적사 남쪽에 있던 심원沈園이란 곳이었다.

심원沈園은 원래 심가화원沈家花園이다. 이 말을 줄여 심원이라 불렀다. 그러니까 심원은 아주 돈 많은 심씨 가문의 정원이었다. 경치가 매우 뛰어나서 주위 사람들이 많이 구경을 하는 유원지가 되었다.

지금 중국의 심원은 그 옛날의 심원이 아니라고 한다. 다시 지었다고 전해온다.

육유가 당완과 헤어지고 찾아온 봄날의 심원, 우연인가? 운명인가? 이곳에서 꿈인 듯 당완을 봤다. 당완 역시 먼발치에서 대뜸 알아봤다. 당완은 속내를 감출 수 없었다. 육유를 보는 당완의 얼굴에는 기쁨과 절망이 교차하였다. 당완의 남편 조사정은 당완의 얼굴빛이 그렇게 변하는 걸 처음 보았다. '무슨 사연인가?' 궁금한 얼굴로 물었다.

"저 사람이 누구인데 대체 이렇게 놀라는 것이오?"

당완은 남편 조사정에게 사실 이야기를 했다. 전 남편이고 이종사촌 오빠라고 솔직하게 말했던 것이다. 그러자 조사정은 호방한 기개를 보이며 술과 안주를 준비하여 육유를 초대했다. 육유를 만난 당완은 눈물이 흐르는 걸 애써 참느라고 눈을 깜빡이지도 못한 채로 있었다. 육유 또한 마음이 아팠다. 그 모습을 본 조사정은 잠시 자리를 피해주었다. 두 사람만의 시간을 주기 위해서였다. 그러나 무슨 말을 더 할 수 있으랴. 이미 타인이 된 두 사람인데…. 이렇게 잠깐의 만남을 뒤로 한 채 두 사람은 영영 볼 수 없는 이별을 할 수밖에 없었던 것이다.

두 사람의 사랑은 이별로 끝을 맺었지만 두 사람의 사랑에 대한 시는 지금도 남아 사람들에게 아름다운 감동을 전하는 현재진행형이다.

산사에 걸린 달
山寺

– 시조, 정철 '송림에 눈이 오니'
– 시조, '달'
– 한시, 정철 '산사야음'

조선시대 문인, 정철은 조선시대 가사문학의 1인자라 할 수 있다.

송림에 눈이 오니 가지마다 꽃이로다
한가지 꺾어내어 임 계신데 보내고져
저 임이 보신 후에야 녹아지다 어떠리
(정철, '송강가사')

나무에 핀 눈꽃은 희디흰 백색의 절정이다. 가지에 핀 눈꽃을 임에게 꺾어 보내고자 한다. '임이 그것을 보신 후에는 녹아 없어진들 어떠하리.' 하며 임에 대한 사랑을 노래하였다.

작품의 외형적인 내용은 순수한 서정시이다. 그러나 작품 속에 나오는 임은 임금임을 추측할 수 있다. 그는 임금에 대한 사랑을 받고자 충성 맹서의 시를 은유적으로 표현하였다. 사미인곡 역시 탄핵으로 물러난 후에 임금에 대한 충성을 사랑으로 그린 노래이다.

그의 작품에는 임금을 위한 사랑, 백성에 대한 교훈과 가르침, 자연미에 대한 노래 등 작품 세계가 다양한 면모를 보이고 있다.

관동별곡은 정철이 45세에 강원도 관찰사를 지내면서 지은 가사이다. 이 무렵 훈민가 16수를 짓는 등 작품 활동이 두드러졌다.

그는 이율곡, 성혼, 송익필 등과도 교류하였고 한시도 많이 지었다.

아래의 작품은 선미仙味를 풍기는 작품이다.

산사야음山寺夜吟 (산사의 밤)

정철

蕭蕭落木聲 (소소낙엽성) 쓸쓸히 바람소리에 나뭇잎 떨어질 때
錯認爲疎雨 (착인위소우) 성근 빗소리로 알았지
呼僧出門看 (호승출문간) 동자스님에게 문밖을 나가 살펴보라 하였더니
月掛溪南樹 (월괘계남수) 시냇가 남쪽 나뭇가지에 달이 걸렸다고 하네.

어느 날 호젓한 산사를 찾았다. 조용히 찻잔을 기울일 때 가을바람 소리가 꼭 빗소리처럼 들렸다. 그래서 정철은 어린 동자승에게 밖에 비가 오는지 나가 보라고 하였다. 동자승은 밖에 나가 이리저리 사방을 돌아보았다. 그러나 비는 어디에도 내리지 않았다. 오히려 개울 남쪽의 큰 나뭇가지에 반쪽의 달이 걸려 있다고 하였다.

시의 배경은 어느 바람 부는 달밤. 이 작품에 등장하는 달. 시내, 나뭇가지 중 하나라도 빠져서는 시의 품격이 없다.

달

아니 웬 빗소리냐? 밖에 나가 좀 보아라
기웃대던 사미승이 의아한 채 대답한다
높다란 나뭇가지에 반쪽 달만 걸린 걸요!

(정철의 한시 '산사야음'을 시조로 옮긴 글)

잔잔한 시냇물이 흘러가는 옆에 큰 나무가 서 있다. 그 나뭇가지 사이로 달이 떠 있다. 맑은 시냇물에 달빛이 비치고 있다는 것을 알 수 있다. 아주 멋들어진 한 폭의 생생한 풍경화를 그려놓았다.

깊은 밤에 잠 못 들고

– 시조, '깊은 밤에 잠 못 들고'
– 한시, 완적 '영회시'

가을에 보는 하늘은 유난히 푸르고 높다. 가을엔 파란 하늘 빛 자체가 외로움이다. 고요는 외로움이 사는 집이다. 외로움과 고독에 관한 이야기를 해 보려고 한다.

고요함의 진가를 알려면 번잡함 속에 있어 봐야 한다. 화려함에 젖어 있던 사람은 '고독' 의 괴로움이 더 클 것이다.

고독과 화려함은 상반되는 말인 것 같다. 화려한 생활에 젖었던 사람이 고독한 생활을 억지로 하게 된다면 견디기 힘들 것이다. 그러나 고독은 생산과 관계가 있고 화려함은 소비와 관계가 있다.

정약용이 유배생활을 하지 않았으면 일개 정치가로 족적을 남기는데 그쳤을 것이다. 가사문학의 거봉인 송강 정철이 동인의 탄핵으로 사직하고 창평으로 내려가 은거하지 않았다면 '사미인곡' 이 탄생되었을까. 윤선도가 화려한 관직생활로 일관했다면 우리 국문학사상 시조의 우뚝한 산맥이 될 수 없었을 것이다.

어린이를 위한 건강한 동화 '알프스의 소녀'는 요한나 슈피리가 지었다. 그는 취리히에서 젊은 시절 공부를 했지만 공부를 마치고 고향 히르첼로 돌아와 알프스 산을 사랑하며 고독한 생활을 하였다. 그는 법률가인 남편과 외아들을 일찍 잃었다. 그래서 그는 고독 속에 묻혀 남은 인생을 독서와 저작에 힘썼다. 그의 위대한 작품은 고독 속에서 탄생했다고 보여진다.

무엇인가를 이루기 위해서라면 반드시 고독한 환경이 있어야 한다. 고독은 외롭고 가난하고 지치고 추운 것과 상통된다. 그래서 고독은 계절로 치면 가을부터 겨울에 해당된다. 가을은 만물이 움츠려 들고 모든 것을 떠나보내는 계절이고 겨울은 수렴하고 가두는 계절이기 때문이다. 물론 환경에 따라 다르기도 하다. 적도 부근에서는 일 년 내내 심고 가꾸고 거두는 일이 반복된다. 기온의 변화가 없기에 사람들의 생활도 단조롭다. 그래서 그런 지방에서는 좀처럼 성인이나 현달하는 사람들이 나오지 못한다. 발은 따뜻하게 하고 머리는 차게 하라는 말이 있다. 사유를 위해서는 차가운 곳에 있어야 한다.

완적은 삼국시대 위나라 사람이다. 죽림칠현의 대표적인 사람이다.
그의 영회시詠懷詩 '깊은 밤에 잠 못 들고…'라는 시를 먼저 시조로 지어 소개하려고 한다.

깊은 밤에 잠 못 들고

밤이 깊을수록 잠들지 못하는 데
거문고, 옆에 있어 친구를 하는 구나
휘장에 스미는 달빛, 그도 귀를 열었네.

해맑은 바람이 옷깃을 스칠 무렵
홀연히 어둠 속에 기러기 멀어지고
만 가지 생각이 모두 근심 되어 앉았네.

'영회시'란 마음에 품은 생각을 노래한다는 뜻이다. 한시의 원문은 다음과 같다.

夜中不能寐 (야중불능매) 깊은 밤에 잠들지 못하여
起坐彈鳴琴 (기좌탄명금) 일어나 앉아 거문고를 타본다
博帷鑒明月 (박유감명월) 엷은 휘장에 밝은 달빛 비치고
淸風吹我襟 (청풍취아금) 맑은 바람은 옷깃에 스며드네
孤鴻號外野 (고홍호외야) 외로운 큰 기러기 들판에서 애처롭게 울고
翔鳥鳴北林 (상조명북림) 북쪽 숲에서는 빙빙 새가 돌아다닌다
徘徊將何見 (배회장하견) 내 그들을 본들 무엇하리!
憂思獨傷心 (우사독상심) 근심스러운 생각에 홀로 마음만 상할 뿐이다.

매우 쓸쓸하고 고적한 심사가 드러나 있다. 완적은 왜 이런 고독한 시를 썼을까? 완적의 삶과 무관하지 않다. 그는 현실에 불만을 품었던 사람이다. 원래는 명문가의 자제였다. 부친 완우는 건안문학建安文學의 칠자七子중 한 사람이다. 이를 건안칠자建安七子라고도 한다.

후한後漢의 마지막 황제 헌제獻帝의 건안 연간(196-220)에 위무제魏武帝 조조曹操, 위문제魏文帝 조비曹丕, 진사왕陳思王 조식曹植 등 조씨 3부자 밑에서 활약한 문인들 가운데에서 뛰어난 7인을 '건안칠자建安七子라 불렀다. 즉 완적의 부친은 건안칠자 중의 한분이었다. 이 사람들은 당시 유행하던 부賦대신에 오언시를 써서 서정시문학의 주류를 이루었다.

훌륭한 문학 작품은 첫째, 문학성이 있어야 하고 또한 널리 알려

져야 훌륭한 문학이 된다. 보석이 흙속에 묻혀 있으면 어느 세월에 튀어나올지 아득한 것과 마찬가지이다.

건안문학이 널리 알려진 것은 이 사람들의 문학성이 뛰어난 점도 있었지만 무엇보다 위문제 조비의 역할이 컸다. 조비는 이 사람들의 문학성을 아주 높이 평가하는 글을 지어 널리 알렸던 것이다.

위나라 사마씨가 권력을 잡으면서 후에 진나라가 세워진다. 이때 완적과 몇 사람들은 죽림으로 들어가 세상을 보낸다. 이들이 죽림7현이다. 완적이 죽림에 살면서 외로움을 나타낸 시가 '영회시詠懷詩' 이다.

완적과 죽림7현은 절망감에 사로잡혀 술로 세월을 보냈다. 그런 반면 우리 조선의 선인들은 귀양을 가거나 은둔하면서 더욱 큰 업적을 이루어낸 사람들이 많다. 다산 정약용이 그랬고 추사 김정희가 그랬고 송강 정철이 그랬던 것이다. 이런 것을 보면 우리의 민족성이 얼마나 굳세고 건강한가를 알 수 있다.

고독이 남긴 시인들

– 시조, '강설'
– 시조, '낚싯대 드리우고'
– 한시, 유우석 '추풍인'
– 한시, 유종원 '강설'

고독의 품격을 높인 시인들이 있다. 당나라 때의 시인 유우석과 유종원이다.

가을을 풍요의 대명사로 상징하지만 또한 '고독'으로 상징하는 양면성도 있다. 가을에 불어오는 바람은 가을과 함께 쓸쓸함을 전하는 전령사이다.

시인이 고독함을 느끼고 그것을 효과적으로 나타내기 위해서는 참으로 고민을 많이 해야 할 것 같다.

추풍인秋風引 (가을바람이 불어오다)

유우석劉禹錫

何處秋風至 (하처추풍지) 어디에서 불어오는 가을바람인가
蕭蕭送雁群 (소소송안군) 쓸쓸하게 바람에 떠나가는 기러기 떼를 보네
朝來入庭樹 (조래입정수) 처음엔 정원수들이 먼저 듣더니
孤客最先聞 (고객최선문) 지금은 고독한 나그네가 제일 먼저 듣는구나

유우석은 아주 쉬운 표현으로 고독의 절실함을 얼마나 잘 그려냈는지 모른다.

보통 고독을 노래할 때는 가을과 나무와 바람이 등장한다. 「가을 들판에 선 한그루 나무/ 나뭇잎을 한차례 흔들며 바람이 지난다.」 이런 정도의 고독을 나타내는 게 보통이다. 나무에 부는 바람소리로 고독을 드러낸다는 말이다. 그러나 유우석은 성큼 한 발 더 나아갔다.

평소에는 나무에 불어오는 바람소리를 들었다. 그러니 이젠 나그네가 제일 먼저 듣는 게 바람소리라고 했다. 나무도 아니고 풀도 아니고 자신이 제일 먼저 쓸쓸한 바람소리를 듣는다고 했다. 평범 속의 비범을 본다.

유우석劉禹錫은 772년에 태어나 842년에 졸하였다. 자字는 몽득夢得. 절강성 사람으로 시인이며 정치가이다.

유우석은 시인이며 정치가인 왕숙문王叔文을 만나면서 푸른 꿈을 펼쳐나갈 기회를 얻게 된다.

왕숙문은 덕종德宗(779-805)때 태자의 시독侍讀이 되는데, 시독은 태자에게 학문을 가르치는 직위에 있는 사람이다. 덕종이 죽고 태자가 왕위에 오르니 순종順宗이다. 이에 왕숙문은 한림학사를 거쳐 재상宰相이 된다. 이때 만난 유명한 문인이 유종원과 유우석이다. 왕숙문은 유종원, 유우석과 국정개혁을 단행한다. 그러나 아쉬운 일은 순종이 병약한 몸이었던 것. 제위에 오르기 1년 전부터 순종은 중풍이 들어 말을 하지 못했다. 국가의 대사는 왕숙문과 왕비를 중용하여 처리해 나갔다. 유우석, 유종원도 깊이 개혁에 동참하였다.

일대 정치개혁을 해 나가던 중, 실권을 잡은 환관들이 순종을 퇴위시키고 헌종憲宗을 옹립하였다.

왕숙문과 이에 동참했던 사람들은 유배를 가거나 좌천을 당한다. 왕숙문은 자사로 좌천되어 갔다가 이듬해 피살되었다. 왕비는 유배지에서 생을 마감하였다. 유우석과 유종원은 개혁파 사람들과 함께 모두 사마司馬로 강등되어 먼 곳에 유배를 가서 말을 키우는 직책을 맡았다. 이렇게 하여 개혁정책은 약 146일 만에 막을 내리고 만다.

유우석과 함께 유종원은 개혁정치의 꿈을 꿨지만 실패로 돌아갔다. 그러나 유종원은 다음과 같은 멋진 말을 남겼다.

'아름다움이란 스스로 말할 수 있는 것이 아니다. 사람에 의해 말해질 때에 아름다움을 알게 된다.' (夫美不自美 因人而彰…)

유종원, 그는 고독을 절대 경지로 끌어 올린 시인이다. 시 '강설江雪' 이 그것을 말해준다.

강설江雪

유종원柳宗元

千山鳥飛絕 (천산조비절) 산에는 새 한 마리 날지 않고
萬徑人踪滅 (만경인종멸) 길에는 사람의 자취 끊겼는데
孤舟簑笠翁 (고주사립옹) 한 척의 배 위에는 도롱이에 삿갓 쓴 노인
獨釣寒江雪 (독조한강설) 홀로 눈 맞으며 낚싯대 드리우고 있다.

하늘과 땅과 강이 모두 길이 끊어지고 거기에 더 해 사람은 바위처럼 고독 속에 빠졌다. 절대 고독의 진경이다. 그런데 참으로 묘하고 활달함이 있다. 적막의 극치를 이룬 곳에 오히려 적막을 비웃기라도 하는 일이 벌어지고 있다. 눈이 내리는 것이다. 조용히 내리는 눈은 나름으론 부지런히 움직이며 고독을 해소하는 듯해 보인다.

이번에는 유종원의 '강설' 을 시조로 옮겨 보았다.

강설江雪

하늘 길 산길 모두 자취가 끊어지고
눈 내리는 배 위에는 삿갓 쓴 도롱이 옹 뿐
낚싯대 드리워놓고 홀로 적寂이 되었다.

불길이 거세어지기 위해선 불을 끄는 물이 있어야 한다. 적당한 물이 있으면 불길은 더 맹렬해지고 타오르는 불에 젖은 나무는 불의 깊이를 더한다. 여기 이 시에서 '내리는 눈'이야 말로 이런 역할을 하고 있다. 고독을 더욱 절정으로 휘몰아가고 있는 것이다.

이 시를 읽으면 고독한 감흥에 젖는다. 그것은 내면으로부터 번져나는 평화로움이다.

또한 그 풍경에서 신비감을 자아내고 있다. 낚싯대를 드리운 한 노인의 수심愁心은 얼마나 깊은 적멸 속에 닿아 있는 지 그 깊이를 모르겠다.

시 한편의 고독한 작품이 냉기로 인해 오히려 맑은 즐거움을 주고 있다. 이쯤 되면 소리를 음악이라 하였듯이 시는 시악詩樂이라 할 수 있지 않을까.

돌이켜 보니 인생이란 참으로 무상한 시간과 공간 속에 피고 지는 물방울 같은 것. 시조 한수로 마무리 하고자 한다.

낚싯대 드리우고

시인 묵객 호걸의 자취 다 어디로 간 것이냐
흐르는 역사의 강 무심히 들여다보니
긴 고독 침묵의 낚싯줄! 세월 속에 잠 재웠네.

이안눌의 효심

– 시조, '편지'
– 한시, 이안눌 '기가서'

이안눌은 조선시대의 청백리이며 시인이다. 그의 시는 친근하고 감동으로 다가온다. 작품은 진솔한 생활 자체의 이야기이다. 실제로 경험한 일을 쓴, 그의 시는 삶의 한 중심에 있었다. 멀리 객지에서 고생하는 자신의 몸과 마음을 부모님이 알면 근심하실까 봐, 한겨울인데도 봄처럼 따뜻하다고 하여 부모님의 걱정을 덜어드리려는 그 효심에 감동이 된다.

이안눌의 한시 중에는 집에 보내는 편지라는 뜻의 '기가서寄家書'라는 한시가 있다.

欲作家書說苦辛 (욕작가서설고신) 집에 보내는 글에 괴로움을 전하려 해도
恐敎愁殺白頭親 (공교수살백두친) 머리 흰 부모님 더욱 근심할까 두려워서
陰山積雪深千丈 (음산적설심천장) 음지에 쌓인 눈이 천장이나 되는데도
却報今冬暖似春 (각보금동난사춘) 금년 겨울은 봄처럼 따뜻하다고 썼다오.

연로한 부모님을 생각하는 마음이 지극함을 알 수 있다. 여기에 쓴 시를 봐도 어질고 착한 마음을 읽을 수 있다. 이안눌은 이 시에 앞서서 아내로부터 편지와 옷을 받았는데 그 편지와 옷이 해를 지나서야 도착했다. 아내가 평소 남편의 몸에 맞는 치수로 옷을 지어 보냈는데 그곳에서의 고생이 심하여 옷이 헐거워서 입지 못할 정도였다고 한다. 이런 어려움을 어찌 편지로 써 보낼 수 있을까?

이안눌의 편지를 읽으니 문득 전방에서 군 생활을 하던 아들 생각이 났다. 양구 근방에서 군 생활을 했는데 그곳은 자고 나면 입과 코에 고드름이 달린다고 하였다. 그런데도 아들은 씩씩하게 잘 지내고 있다면서 아무 걱정 하지 말라고 하였다. 우리의 자랑스런 아들 딸들은 지금도 전선에서 조국을 수호하기 위해 열심히 근무하지만 그 고난을 묵묵히 이겨내며 부모님께는 잘 있다고 문자를 보내고 편지를 쓴다. 이것이 모두 우리 조상들의 훌륭한 '효' 실천생활에서 알게 모르게 전수된 것임을 확인 할 수 있다. 마음의 겸양은 우리 민족의 자산이고 긍지가 아닐까.

아래의 글은 이안눌의 '기가서' 한시를 시조로 재창작한 글이다.

편 지

천리 먼 고향집 부모님 계시 온 곳
안부를 여쭈오며 괴로움을 말하려니
어버이 흰 머리카락 더 셀까 봐 그만 뒀소.

그늘진 북변의 땅 천장 만장 눈 쌓이고
얼어터진 손과 발에 밤 잠 또한 설쳤지만
이곳은 '봄날 같습니다!' 이런 글만 써 보냈소.

이안눌李安訥(1571-1636)은 호가 동악東岳이고 문집에는 동악집 26권이 전한다. 그는 일생 동안 4천3백여 수의 시를 썼다. 중국의 시인 육유가 만여 수를 지은 것에 비하면 적은 편수이지만 4천여 편의 시를 쓰기도 실로 쉽지 않은 일이다.

'가화만사성' 이란 말처럼 가족에 대한 이해와 사랑이 우선되면 우리 사회의 '충忠' 은 절로 이루어질 것이다. 400년 전 한 시인의 작품을 통해 가족에 대한 사랑과 효에 대한 마음을 다시 배울 수 있었다.

어버이 살아실 제…

– 시조, 정철 '어버이 살아실 제'
– 시조, 정철 '이고 진 저 늙은이'

노인에 대한 공경의 마음을 학교에서 늘 시조로 배웠기에 공자의 학문을 접하지 않았더라도, 사람들은 알게 모르게 어른에 대한 공경심을 갖고 있다.

우리는 누군가를 위해 근심을 덜게 하고 더 나아가 웃게 한 일이 몇 번이나 있었던가? 타인을 위해 배려하는 일은 작은 일 같지만 기실 매우 어렵고 큰 일 이라는 걸 알 수 있다.

한 편의 아름다운 시, 그것은 실천의 덕행에서 비롯되는 것임을 ….

어버이 살아실 제 섬기길 다하여라
지나간 후면 애닯다 어이 하리
평생에 고쳐 못할 일이 이뿐인가 하노라
(정철, '송강가사')

언제 읽어도 가슴이 뭉클 저려오는 효에 관한 명작 시조이다.

아래의 시조 역시 정철의 작품으로 어른 공경에 관한 시조이다.

> 이고 진 저 늙은이 짐 벗어 나를 주오
> 나는 젊었거니 돌인들 무거울까
> 늙기도 설워라커든 짐을 조차 지실까
> (정철, '송강가사')

아름다운 덕행은 그 자체만으로도 한 편의 감동적인 시가 될 수 있다.

몇 해 전의 일이다. 한 노인이 중국의 태산에 가 보는 것을 늘 소원처럼 여기고 있었다. 아들은 아버지의 뜻을 알고 어느 날 아버지를 모시고 중국의 동악인 태산을 향해 떠났다. 태산에서 아버지가 걸어 올라갈 수가 없음을 알고 지게에 아버지를 모시고 태산을 향해 올랐다. 지나가던 사람들이 그 신기한 모습을 모두 보았다. 어디서 왔느냐고 물으니 젊은이는 땀을 뻘뻘 흘린 채, 웃으며 대한민국에서 왔다고 하였다. 많은 중국 사람들이 그 모습을 보고 한국인의 효에 대해 감동하였다. 효를 실천하는 한국의 젊은이에게 모두들 박수를 보내었다.

이렇게 훌륭한 효의 모습이 자녀들에게 이어지는 것은 우리의 선조들이 효에 대한 권유와 실천이 있었기 때문임을 알 수 있었다.

정철의 시조 역시 이런 실천을 하는 데 큰 힘이 되었을 것이다.

권필, 불행한 시대의 시인

- 시조, '권필에게'
- 시조, '저녁연기'
- 한시, 권필 '도중'
- 한시, 권필 '궁류시'
- 한시, 권필 '야우잡영'

역사적으로 많은 인물 중에 시를 써서 부귀영화를 누린 사람이 있는가 하면 시 때문에 화를 입은 사람들이 있다. 권필權韠(1569-1612)은 '궁류시' 때문에 필화를 당한 사람이다.

'궁류시' 란 '궁궐 안에 있는 버드나무를 소재로 쓴 시' 라는 뜻이다. 권필은 대궐 안에 있던 버드나무를 시로 쓴 내용 때문에 문초를 받고 유배의 명을 받았으나 유배 중에 끝내는 목숨을 잃었다.

문초를 심하게 당한 끝에 장독杖毒으로 몸을 움직일 수 없어 잠시 민가에 머물렀다. 권필의 유배 소식을 들은 사람들은 권필을 위로하기 위해 몰려들었다. 일반 백성들은 술로 위로를 하자, 권필은 술에 취할 수밖에 없었다. 그리고 그는 방 벽에 이하李賀의 장진주將進酒를 몇 자 바꾸어 옮겨놓았다. 이미 더 살지 못함을 알았던 것이다.

현실의 모순과 부정을 보고, 시와 술로 세상을 보낸 권필, 궁류시 한 편으로 목숨을 잃었지만 모순과 부정을 그냥 지나치지 않았던 그의 의기義氣가 오늘을 다시 돌아보게 한다.

권필에게

궁류시 한편을 목숨과 바꿨지만
시주詩酒에 깃든 절의, 곧은 가난 벗한 님아
펼쳤던 석주石洲의 하늘 별은 더욱 빛나오.

권필의 시를 이해하기 위해 그 당시의 배경을 먼저 이해할 필요가 있다.

권필의 생존시대는 선조와 광해 사이. 선조는 누구인가? 중종의 아들인 덕흥군의 셋째 아들이다. 언제 왕위에 올랐는가? 명종의 뒤를 이어 1567년 경복궁 근정전에서 왕위에 올랐다. 재위기간은 41년. 1608년 57세로 경운궁, 지금의 덕수궁에서 별세한다.

권필權韠(1569-1612)은 허균과 같은 해인 1569년에 태어났고 이안눌보다는 2년 앞서 태어났다. 본관은 안동이고 양반가정에서 태어난 권필이었지만 과거에는 뜻이 없었다. 당시의 정치, 사회현실이 못마땅하여 현실모순에 맞선 깨어있는 지식이었다고 할 수 있다.

권필은 선조와 광해군의 재위기간에 활동한 우뚝한 시인이다. 권필의 자는 석주石洲이고 송강 정철의 문인이다. 이 시기는 당파싸움과 외척의 정치개입이 심하였다.

시문이 왕성한 시기이기도 하여서 '목릉성세' 라고도 하였다. 당시 지배적인 문풍이 있었는데 시는 성당의 시를 본받았고 글은 진한시대의 글을 본으로 하였다. 이를 일러 '시필성당', '문필진한' 이라 하였다.

권필은 처음 과거시험에 합격 했으나 나중에 취소가 되자, 과거에 뜻이 없어 시주詩酒로 낙을 삼고, 가난하게 살았다. 친구들이 주청하여 동몽교관童蒙敎官에 임명되었으나 이를 사양하고 끝내 취임하지 않았다.

이안눌 역시 18세에 진사시험에 합격한 후 동료들로부터 모함을 받고 관직에 대한 생각을 접었다고 한다. 이때부터 문학에 열중하여 권필, 윤근수 등과 교류하며 동악시단東岳詩壇을 형성하였다.

임진왜란 이후 강화부江華府에 갔을 때 그의 명성을 듣고 많은 유생들이 몰려왔다. 권필은 석주 초당을 열고 이들을 가르쳐 후학을 양성하였다. 문장가文章家로 널리 알려진 명나라 사신使臣 고천준顧天俊이 오자 이정구는 권필을 문사文士로 접반하게 하여 문명을 떨치게 하였다.

곧은 그의 성품으로 인해 권필의 생활은 평탄하지 않았다.

다음의 글은 '도중道中' 이란 권필의 시이다.

日入投孤店 (일입투고점) 해 저물어 외로운 마음 객점에 드니
山深不掩扉 (산심불엄비) 깊은 산속이라 문을 닫지 않네
鷄鳴問前路 (계명문전로) 닭이 울자 갈 길을 물으려는데
黃葉向人飛 (황엽향인비) 낙엽이 나를 향해 날아드네.

(권필, '도중道中')

나그네의 외로움이 깊이 묻어나는 시이다. 시인은 쓸쓸한 길을 가다가 날이 저물어 주막에 들렀다. '투고점投孤店' 이라 하였다. 주막에 들르는 모습은 피곤하여 짐짝처럼 내던지듯 하는 모습이다. 삶이 고달프고 많이 힘든 걸 알 수 있다. 밤이 깊어도 사립문을 닫지 않았다. 깊은 산중이라, 도둑이 들 염려가 없었던 것이겠지. 닭 울기를 기다렸는데 마침 닭이 울었다. 주인장에게 길을 몰라 물으려던 참인데 낙엽이 자신에게 날아와 발밑에 떨어지는 걸 본다. 나그네의 외로움을 낙엽을 통해 기발하게 나타내었다. 자신의 감정은 드러나지 않고 있다. 다만 낙엽이 날아오는 것으로 절묘하게 쓸쓸한 상을 그려놓았을 뿐이다.

권필은 운도 꽤나 없는 사람이다. 1612년 '김직재金直哉의 옥獄'에 연루된 조수륜趙守倫의 집을 수색하는데 그곳에서 권필의 궁류시가 발견된다. 권필은 이 시 때문에 화를 입는다.

'김직재의 옥獄'은 대북파大北派가 영창대군을 지지했던 소북파小北派를 제거하려고 일으킨 옥사이다. 이이첨 등의 대북파는 소북파에게 '순화군順和君의 양아들 진릉군晉陵君 태경泰慶을 왕으로 추대하고자 했다는 혐의'를 씌워 죄를 물었는데. 이를 '김직재의 옥獄'이라 부른다. 이 사건으로 처형되거나 귀양가는 사람이 백여명에 이르렀다. 다음은 '궁류시'이다.

궁류시宮柳詩

권필權韠

宮柳靑靑鶯亂飛 (궁류청청앵란비)
궁궐의 푸른 버드나무 사이로 꾀꼬리는 어지럽게 날아다니고
滿城桃李媚春暉 (만성도리미춘휘)
온 성안의 오야 꽃과 복사꽃들이 봄볕에 아양을 떨어댄다.
朝家共賀昇平樂 (조가공하승평락)
조정이 모두 태평성세라고 축하를 하여도
誰遣危言出布衣 (수견위언출포의)
누가 위험에 처했다는 선비의 말을 나오게 했는가.

권필의 궁류시는 광해를 비방하려는 것이 아니라 외척들의 횡포를 비판한 내용이었다. 그러나 광해군의 처남인 외척 유희분은 이 시를 광해군에게 보이면서 왕후를 모함하는 시라고 했던 것이다. 그래서 광해의 분노를 사게 되고 태장을 맞고 유배 명을 받았던 것이다.

위의 시, 제4구의 말은 선비 임숙영이 한 말을 가리킨다. 임숙영任叔英(1576-1623)은 조선 중기의 문신, 학자이다. 본관은 풍천豊川. 임숙영은 과거시험 답안지에 왕실과 권세가의 잘못을 신랄하게 비판하는 글을 썼던 일이 있다. 지금이 태평성대라고 한다면 임숙영이 왜 그런 글을 썼겠느냐는 뜻이다.

관리가 된 후 어느 날, 광해군이 영창대군을 살해하려 하자 다리가 아프다는 핑계로 회의에 불참하였다. 이후 파직 당하였다. 그러나 인조반정이 일어난 이후 복직이 되었다.

권필은 1623년 인조반정仁祖反正 후에는 사헌부지평에 추증되었다.

석주집石洲集과 한문소설 《주생전》,《위경천전》등이 전해진다. 석주 초당 터가 있던 강화도 송해면 하도리 고려산 기슭에 그의 후손 권체가 〈석주 권필 유허비〉를 세웠다.

아래의 한시 '야우잡영夜雨雜詠'에는 권필이 가난한 시골집에 기거하며 아내와의 정겨운 시간을 나누는 소박한 아름다움이 그려져 있다.

야우잡영夜雨雜詠 (비오는 밤에 읊다)

권필權韠

春宵小雨屋簷鳴 (춘소소우옥첨명)
봄밤 처마를 울리는 빗소리
老子平生愛此聲 (노자평생애차성)
내 평생 이 소리 좋아라
擁褐挑燈因不寢 (옹갈도등인불매)
잠 오지 않아 삼베옷 입은 채 등불을 돋우어놓고

對妻連倒兩三觥 (대처연도양삼굉)

부인과 마주 앉아 두서너 잔 술에 취해본다.

등불을 돋우고 비 오는 봄 밤, 부인과 마주 앉아 술을 마시는 권필의 모습이 매우 정겹다.

만물이 생동하는 봄이 오면 따뜻하고 작은 설렘마저 깃든다. 촉촉이 봄비가 내리면 마음속 어딘 가에도 새싹 같은 희망이 돋을 것 같다.

그러나 겨울밤도 그에 못지않다. 함박눈이라도 풀풀 날리는 밤, 좋은 사람과 차茶나 술을 기울이면 이 또한 따뜻한 행복감에 젖어 들 것이니까. 아니면 무릎을 맞대고 군고구마를 먹으며 눈 오는 모습을 그려보는 것도 좋을 것 같다.

글을 마치고 밖에 나가니 저녁연기가 피어오른다.

마주 한 저녁연기가 곱다.

저녁연기

생각 하나 집어 드니 훌쩍 하루가 가버리고
밭둑을 서성이니 저녁연기 피어난다
인생사, 백년 흐름도 이 같은 것 아닐까.

조용히 문을 여니 해가 설핏 저물었다
선현들 시구 같은 흰 물소리 또, 듣다가
들어와 자리에 누우니 어둠이 참 맑다.

고개 돌려 바라보니

– 시조, '사친'
– 한시, 신사임당 '유대관령망친정'

시에서 '구름' 이란 소재는 다양하게 쓰였다. 아래 글은 사임당신씨의 한시 작품이다.

유대관령망친정踰大關嶺望親庭 (대관령을 넘으며 친정을 바라보다)
신사임당

慈親鶴髮在臨瀛 (자친학발재임영)
백발의 어머니 임영 땅에 두고,
身向長安獨去情 (신향장안독거정)
홀로 한양을 향해 가는 허전한 발길
回首北坪時一望 (회수북평시일망)
고개 돌려 고향 마을 바라보니,
白雲飛下暮山靑 (백운비하모산청)
흰 구름만 저문 산을 날아 내린다.

신사임당은 조선 중기의 여류예술가이다. 아버지 신명화申命和와 어머니 이사온李思溫의 사이에서 태어났다. 조선조 유명한 대학자 이율곡의 어머니이기도 하다. 사임당신씨는 그림에도 조예가 깊었지만 한시도 빼어났다. 조선시대 뛰어난 여류 예술가라 할 수 있다.

이 작품에서 시눈詩眼이 어디에 있는가? '백운白雲' 이란 한 낱말에 있다.

구름을 색으로 표현하여 백색으로 나타내면 백운白雲, 청색으로 나타내면 청운靑雲이라 불렀다. 백운은 그 흰색이 뜻하는 깨끗함, 정화, 외로움 등의 시어로 자주 쓰였으며 청운靑雲은 푸른 기상을 뜻하는 '이상이나 젊은이의 꿈' 등을 상징하였다.

시에서는 큰 뜻이나 기상을 품고 있는 청운靑雲보다는 백운白雲을 훨씬 더 많이 사용했음을 볼 수 있다.

사임당이 한양으로 가는 발걸음은 잘 옮겨지지 않는다. 연로한 어머니를 두고 가기 때문이다. 그 어머니의 연로한 모습을 백발白髮이라 하지 않고 학발鶴髮이라 했을까? 어머니에 대한 사랑과 존경의 마음이 큰 것이리라.

백발의 어머니를 고향 땅에 두고 떠나려니 발길이 떨어지지 않는다. 그래서 홀로 가는 것은 사임당신씨의 발걸음이 아니라 사임당신씨의 '정情' 이다. 그리움의 정이 대관령을 넘는 것이다. 사임당신씨는 가다가 돌아보고 가다가 돌아보며 눈물짓는다. 이러한 쓸쓸함과 그리움을 단적으로 드러내주는 말이 '백운白雲' 이다. 흰 구름이 고향의 저물어가는 산을 넘어간다고 했다. 사임당의 그리운 마음은 흰 구름이 되어 다시 어머니가 계신 곳으로 가고 있다. 백운白雲이 주는 의미가 심장하다. 또한 어머니에 대한 간곡한 마음은 천길 폭포의 물이 쏟아지듯 구름이 되어 날아 내리고 있음을 알 수 있다.

그래서 사임당신씨는 '飛下' 로 표현하였다.

'白雲飛下暮山靑.(백운비하모산청)'

위의 시구는 경물을 그려놓은 구절이지만 정情이 뚝뚝 떨어진다. 1구 2구 3구는 정情을 드러내었지만 그것의 귀처는 경물인 백운에 엉겨있는 것이다. 급기야 경景은 정情을 품은 것이다.

아래의 시조는 위의 한시 내용을 시조로 재창작한 글이다.

사친思親

백발의 어머니를 고향에 홀로 두고
무거운 발 옮기다 고개 돌려 바라보니
아득히 저문 산 아래 흰 구름만 쏟아진다.

천년의 구름, 백운
白雲

– 시조, '구름을 보며'
– 한시, 최호 '황학루'

옛날부터 문인들은 구름白雲을 소재로 하여 많은 시를 지었다. 왜 그렇지 아니하겠는가. 인생사 뜬구름 같다고 하지 않던가. 흰 구름은 하늘에 떠서 흘러가다가 금세 빗방울이 되어 없어지니 헛된 것에 많이 비유되곤 하였다. 또 안착되지 못하고 떠다니기에 쓸쓸함의 회포懷抱를 드러내기도 하였다.

'백운白雲' 이란 말은 중국의 한시에서도 자주 등장한다.

중국 당나라 시인 최호崔顥의 '황학루' 시에 '백운白雲' 이란 말이 나온다. 역시 적막함과 쓸쓸함을 최고조로 드러내는 말로 쓰였다.
황학루는 삼국시대에 지어졌는데 중국 강남의 3대 명루名樓 중의 하나이다. (다른 두 곳은 후난성의 악양루, 장시성의 등왕각)
이곳에서는 운몽雲夢(옛 형주 땅)의 전경을 한눈에 내려다 볼 수 있는 곳이다. 최호는 황학루의 전설을 소재로 하여 시를 지었다.

다음은 '황학루에 대한 전설' 이다.

옛날 이곳에 주막이 있었다. 어느 날 주막에 도사 한 분이 찾아와 술을 마셨는데, 돈이 없었다. '주머니에 돈이 있는 줄 알았는데 어쩐다?' 그 때 주막 아낙이 그걸 알고 술값을 받지 않았다. 도사는 고마워서 벽에 학 한 마리를 그려놓고 떠나갔다.

그 후 손님들이 오면 그림 속의 학이 나와 춤을 추며 손님들을 기쁘게 해 주었다. 주막은 점점 장사가 잘 되었다.

10년 후, 도사가 다시 찾아왔다. 도사는 피리를 불며 하늘로 올랐다. 그때 학도 도사를 따라 올라갔다.

그 후로 이곳에 누각을 짓고 그 이름을 황학루라고 하였다.

황학에 대한 가치를 대단하게 여기는 이유는 무엇인가? 그림 속의 학은 술손님이 오면 그림 속에서 나와 춤을 추며 즐거움을 주었기 때문이다. 학은 기쁨을 주는 새이면서 인간 구원의 가치를 지녔다.

이태백도 이곳에 와서 '황학루' 에 대한 시를 지으려고 하였다. 그러나 이미 최호가 써 놓은 황학루를 보고 붓을 꺾었다고 한다. 대시인 이태백을 완전 감동 시킨 작품이다. 청나라 때의 시인 심덕잠 역시 이 시를 읽고 전대미문의 수작秀作이라 평하였다. 시의 대가인 이 두 사람에게 절찬을 받은 까닭은 무엇일까?

황학루黃鶴樓

최호崔顥

昔人已乘黃鶴去 (석인이승황학거) 옛 사람은 이미 황학을 타고 떠나고
此地空餘黃鶴樓 (차지공여황학루) 이곳엔 빈 황학루만 있구나
黃鶴一去不復返 (황학일거불부반) 황학은 한번 가니 다시 오지 않고
白雲千載空悠悠 (백운천재공유유) 하늘에는 천년의 흰 구름만 흐른다.

晴川歷歷漢陽樹 (청천역력한양수) 맑은 냇물 사이로 나무가 무성하고
芳草萋萋鸚鵡州 (방초처처앵무주) 앵무주에는 향기로운 봄풀이 가득하네
日暮鄕關何處是 (일모향관하처시) 날은 저물고 내 고향은 어디에 있는가
煙波江下使人愁 (연파강하사인수) 강 안개는 더욱 수심에 젖게 하는구나

대부분 일반 시인들은 전설을 차용하여 시의 주제로 삼기도 하였다. 최호 역시 전설을 바탕으로 시를 지었다. 황학루의 전설을 통해 최호가 드러낸 것은 자신의 서정이다. 그 서정미가 백미다.

첫 구와 둘째 구는 보편적이고 공통적인 쓸쓸함이다. 셋째구와 넷째 구에서 이어받아 쓸쓸함의 최고 상황을 묘사하였다.

'白雲千載空悠悠(백운천재공유유)'

'빈 하늘에 떠도는 천 년의 흰 구름' 이라 하였다. 시어의 표현이 놀라울 정도이다. '千載' 라고 한 것은 얼마나 큰 아픔과 적막의 수개념일까? 그러니 극도의 적막감을 나타낸 것이었다.

'황학루에는 빈 적막, 하늘에는 천년의 흰 구름'

적막을 하늘에 가득히 메워 무엇 하나 들어갈 틈이 없다. '백운' 이 아니면 어찌 황학루의 적막을 최고조로 드러낼 수 있었을까? 여기에 다다르면 이태백도 놀라버릴 수밖에.

더욱 놀라운 일은 또 있다. 3인칭 관찰자적인 적막을 자신의 쓸쓸한 서정으로 환치시킨 점이다. 5구와 6구에서는 쓸쓸함 대신 즐거움의 광경 묘사이다. 마지막 7구와 8구를 위해서이다. 피어난 강의 안개를 바라보며 더욱 수심에 젖는 시인의 마음을 그려볼 수 있다. '고향' 을 통해 평안한 안식을 바라는 시인은 황학루에서 절망을 느

낀다. 황학루를 찾았기에 시인은 자신의 평안을 절실하게 그려볼 수 있었을 것이다. 이런 최호의 개인적인 서정성은 이태백과 심덕잠의 공감을 불러일으키기에 충분했다고 보여진다.

중국에는 엄격한 제도와 격식을 존중하는 유가의 사상이 있는가 하면 정신의 자유를 추구하는 노장 사상이 있다. 이는 도가의 신선 사상으로도 볼 수 있는데 많은 사람들이 신선이 되어 불로장생하고 싶은 꿈을 꾸어왔다.

사람들의 현실은 늘 근심과 고달픔으로 얼룩져 있기에 희망이나 꿈을 그리워한다. 허난설헌도 현실의 고달픔을 시로 달랬는데 많은 시 중에는 신선 세계가 환상적으로 그려져 있다. 황학루의 전설에서도 신선이 등장한다.

최호의 황학루 시에 담긴 내용을 다시 살펴보자.

첫 부분에서 보면 신선은 이미 황학을 타고 떠나서 비어 있다. 황학은 다시 오지 않고 흰 구름만 유유히 흘러간다. 쓸쓸함이 묻어난다. 다시 보니 작은 즐거움이 있다. 맑은 물 옆에는 잇달아 나무들이 푸름을 드러내놓은 채 자라난다. 어디 그뿐인가, 앵무주에는 봄의 풀 냄새가 향기롭다. 그러나 자신이 가야 할 고향을 생각하니 암울하다. 고향이 있어도 가지 못하는 것인지, 아니면 날은 저물고 고향이 멀어서 가지 못하는 것일까?

그런 중에, 강의 물안개가 피어오르니 수심에 젖는 자신을 보게 된다. 아름다움을 보아도 곧 수심에 잠겨야 하는 최호의 마음은 타향에서 삶을 이어가는 우리 모두의 마음의 아닐까.

구름을 보며

그대는 불로장생 신선의 몸이구나
어떠한 기분인지 몹시도 궁금하다
거대한 우주를 누비는 그 마음이 어떤가

서리 맞은 붉은 꽃

– 한시, 두목 '산행'

꽃들은 서리를 맞으면 금방 시든다. 꽃의 진한 향기와 예쁜 자취는 찾아보기 힘들다. 그런데도 그렇지 않은 것이 있다. 가을 단풍잎과 국화꽃이다. 봄꽃보다 붉은 가을 단풍잎의 아름다움을 당나라 두목은 영탄법으로 표현한 시가 있다.

당나라 두목杜牧의 '산행山行' 이란 작품이다.

遠山寒山石徑斜 (원산한산석경사) 멀리 한산 돌길을 오르니
白雲深處有人家 (백운심처유인가) 흰 구름 깊은 곳에 인가 두어 채
停車坐愛楓林晩 (정차좌애풍림만) 수레를 멈추고 해지는 줄 모르는데
霜林紅於二月花 (상림홍어이월화) 서리 맞은 붉은 단풍 이월의 꽃보다 붉네

기승전결로 이루어진 7언 절구의 시다.

두목이 가을날 수레를 타고 산길을 지날 때 모습. 한산의 돌길을 오르니 깊은 산속 흰 구름이 머물러 있다. 흰 구름과 인가를 등장시

킴으로 고즈넉한 분위기가 시 전체의 격을 높여주고 있다. 그러나 시의 중심은 단풍구경이다. 해가 지는 줄도 모르고 구경을 한다. 서리 맞은 단풍잎이 얼마나 고운지 이월의 꽃보다 붉다고 하였다. 우리나라의 경우에는 음력 2월이면 3월인데 3월엔 붉은 꽃이 피기 힘들다. 제주도 쯤은 몰라도…. 아마 중국 강남의 2월을 말한 것 같다. 그건 그렇고, 이 시의 3구가 중심이다. 그러나 2구가 없다고 생각해 보라. 얼마나 싱거운 단풍 구경인가를. 두목은 그걸 알기에 '백운심처유인가白雲深處有人家' 를 넣은 것이다. 구름이 깊은 골에 머물 듯 흐를 듯한 모습 속에 인가人家 두어 채가 구름 속에 있는 모습은 가히 선경仙境이 아니겠는가. 두목은 이 시에서 백운의 역할을 주변 역할로 한정하였지만 전체적인 분위기를 잡아주는 중요한 기능을 하고 있다.

이곳에서의 백운白雲은 그리움이나 쓸쓸함의 의미는 찾아보기 어렵다. 오히려 선계의 신비함을 자아내는 몫을 톡톡히 하고 있다.

우주의 숨결, 백운심처
白雲深處

– 시조, '선가'

내게도 늘 꿈 꿔온 일이 있었다. 깊은 산속 흰 구름 머무는 곳, 그곳에 사는 산속의 집.

안개나 구름 속에 빠졌다 솟구쳤다 하는 그런 모습 말이다.
구름 속에, 안개 속에 흔들리는 그 산집이야말로 선계仙界의 장소가 아니겠는가.

적막함을 주인으로 모시고 살고 있는 산가山家야말로 우주의 숨결이 담긴 곳이란 생각이 들었다.

흰 구름은 박목월의 시에 들어오면, 구름에 달 가듯이 가는 나그네의 모습이고 사임당신씨의 시속에서는 어머니에 대한 간곡한 그리움의 표상이었다.
무심히 떠가는 흰 구름 …
내게는 '세사를 벗어나 초연히 살아가는 심처深處의 주인공' 을 의미하는 모습으로 여겨졌다.

선가仙家

훌날리는 백운 속에 스스로를 맡겼구나
선계의 집 한 채가 안개 속에 들락날락
저 산속 적막한 고요가 이 집안의 주인이네

눈 맞아 휘어진 대를

– 시조, 원천석 '눈 맞아 휘어진 대를'

조선의 선비들은 권력과 재물에 대한 욕심보다 지조와 명예를 더 소중히 여겼다. 주역 64괘 중에 예를 중요시하는 천택리天澤履(䷉) 괘상이 선비들의 괘상이다. 초근목피를 먹는 한이 있더라도 유유자적하고 절의가 있는 삶을 택했던 것이다.

눈 맞아 휘어진 대를 누가 굽었다 하는가
굽을 절개라면 눈 속에서 푸를 소냐
아마도 세한고절歲寒孤節은 너 뿐인가 하노라.
(원천석, '병가甁歌')

조선의 제3대 임금 태종은 젊을 때의 스승이 원천석이었다. 원천석은 진사가 되었지만 벼슬길에는 나가지 않았다. 고려 말 혼란한 정치 상황을 탄식하며 강원도 치악산에 들어가 은둔생활을 하였다.

비록 눈을 맞아 휘어진 대이지만 굽었다고 하는 것은 안 될 말이다. 굽을 절개라면 눈속에 푸르겠느냐며 조금도 위축됨이 없다. 오히려 그 기상이 대단하다. 이게 우리의 선비정신이다. 그 정신이 살아있기에 반만년의 역사를 면면히 이어올 수가 있었던 것이다.

중국의 요임금 때이다. 요임금은 너무 오래 정치를 하다 보니 어느새 늙고 기력이 다하였다. 임금 자리를 현자에게 물려주어야겠다는 생각을 하였다. 은밀히 수소문 해 보니 허유란 사람이 덕이 있고 현자라고 하였다. 요임금은 허유를 찾아갔지만 뜻을 거절당했다. 돌아오는 길에 그의 말만 자꾸 떠올랐다.

'새는 숲속에 살지만 나뭇가지 몇 개면 새의 집은 충분하고, 토끼는 황하의 물을 마시지만 몇 모금의 물만 있으면 배가 차는 법입니다. 어찌 쓸데없는 욕망을 부리겠소이까.' 그리곤 허유는 더 깊은 산속으로 거처를 옮겼다.

어찌 보면 삶을 포기한 듯 보이지만 실상은 그 어떤 사람보다도 치열한 삶의 자세이기도 하다. 영화와 물욕을 놓기가 어디 쉬운 일이겠는가 말이다.

구름 깊어 계신 곳 모른다 하네

– 시조, '가도와 한유'
– 시조, '가도에게'
– 한시, 가도 '심은자불우'
– 한시, 가도 '도상권'

치열한 삶처럼 치열한 시 쓰기를 한 사람들 또한 예사롭지 않다.

가도賈島(779-843)는 중당中唐 시대의 시인이다. 가도는 누구보다 치열한 시 쓰기를 한 인물이다.

한 사람의 일생에서 중요한 것 세 가지를 말하라 한다면 첫째는 태어난 곳이나 생활한 곳이고 둘째는 어떤 인물과 조우하였나이다. 셋째는 이름이다. 가도의 자字는 낭선浪仙이다. 그의 이름처럼 그는 물결에 떠다니는 듯한 삶을 살았다.

가도와 한유

관중이 포숙아를 친구로 두었기에
얼마나 큰 명성을 얻을 수 있었던가
가도는 한유를 만나 시명 높이 전했구나.

관중이 포숙아를 만났기에 명성을 빛낸 것처럼, 가도는 당대의 대가大家 한유를 만났기에 그의 시와 명성을 전할 수 있었다.

가도가 태어난 곳은 허베이성 범양范陽이다. 허베이성은 중국을 구주九州로 나눌 때에 기주冀州에 속하였다. 기주는 하북성, 산동성, 하남성을 두루 포함하였던 광활한 지역이다. 고대문명의 발원지 중의 하나이고 태호 복희씨가 형태邢台 일대에서 군림하였다. 황제皇帝는 치우천왕과 허베이성 탁록涿鹿의 벌판에서 전쟁을 벌였다. 전국시대의 편작(고대의 유명한 의사), 정치가 인상여 등이 태어난 곳이기도 하다.

범양은 지금의 북경北京이다. 가도는 범양에서 태어났지만 매우 가난하고 신분은 보잘 것 없는 집안의 출신이었다. 그러나 태어나면서 공부하는 것에 취미를 갖었으니 입신출세의 꿈은 있었다. 그는 어릴 적부터 공부하는 것을 아주 좋아하였다. 주위에 책이 있으면 구해서 꼭 읽어보았다. 또 많은 문장가와 시인들의 작품을 읽으며 본인도 글쓰기를 게을리 하지 않았다. '과거 시험에 합격하여 입신양명해야지.' 이런 생각으로 글공부를 하였다. 가도 이외에도 무수한 인재들은 허베이성에 몰려들어 시험공부에 여념이 없었던 것이다. 가난한 사람들은 관리가 되는 것만이 최고의 영예와 생활이 보장되었기 때문이다. 그러나 운이 없었는지, 시험공부의 방법을 몰랐는지, 가도는 몇 번이고 과거에 응시하였지만 번번히 낙방하고 말았다. 가도는 가지고 있던 재물마저도 다 떨어졌다. 이에 크게 낙담하며 극도의 절망감을 느꼈다. 가도는 차라리 중이 되기로 하였다. 그는 낙양의 한 절에 들어가 '무본無本' 이란 중으로 행세하였다. 그는 여러 곳을 전전했는데 한동안 갈석산에도 들어가 있었다. 그래서 자신을 스스로 '갈석산인' 이라고도 칭했다. 갈석산은 허베이성 창려현에 있는 산이다. 옛날부터 신악神岳으로 불려졌으며 신비의 산으로 알려졌다. 진시황, 한무제, 당태종 등 9명의 황제가 올랐다는 유명한 산이다.

가도는 중 생활을 하면서도 시 짓는 것은 큰 병이었는지 자나 깨나 시 짓는 일에 골몰하였다.

그는 말 위에서 시에 골몰하다가 고관이 행차하는 마차에 부딪쳤다. 경조윤 유서초劉棲楚의 행차와 부딪친 것이었다. 고관대작의 행차에 일반 서민이, 그것도 중이 부딪쳤으니 큰 벌을 받아야 했다. 가도는 크게 모욕과 수치를 당한 후에야 돌아섰다.

그 후에도 말 위에서 시 짓는 일은 그치지 않았다.

이런 그에게 기회가 왔다. 811년, 그의 나이 33살.

그는 말을 타고 이응의 집을 찾아가는 중이었다. 말 위에서 '두드릴까, 밀까' 를 고심하면서 손을 내저으며 팔 동작까지 하다가 그만 또 '꽈당!' 하고 크게 부딪쳤다. 길 위에서 경조윤의 벼슬을 하던 한유韓愈(768-824: 당송팔대가의 한 사람)의 마차와 충동하고 만 것이었다. '이번에도 크게 혼나겠구나!' 하고 불안에 떨었다. 그런데 뜻밖의 일이 일어났다. 고관인 한유가 마차를 부딪친 일을 추궁하자, 가도는 시 짓는 일에 골몰하다가 실수를 하였다고 솔직히 털어놓았다.

한유가 물었다. "무슨 시를 쓰는 중이었소?"

그는 말 위에서 두 구의 시를 얻었다고 했다.

> **鳥宿池邊樹 (조숙지변수) 새들은 연못가 나무에서 잠을 자고**
> **僧推月下門 (승퇴월하문) 스님은 달 아래에서 문을 민다**

이 시구詩句에서 밀 '퇴推' 를 쓸까 두드릴 '고敲' 를 쓸까를 고민하던 중이었다고 말했다. 조정 대신인 한유는 크게 노하기는커녕 그 시구를 생각해 보다가, 두드릴 '고敲' 자를 쓰는 게 좋다고 조언하였다. 여기에서 퇴고推敲라는 말도 생겼다.

이런 만남을 통해 한유는 시에 미치다시피 한 가도를 좋아하게 되었다. 이때 한유의 나이 44살. 가도 보다 11살이나 위였다. 한유는 가도가 시를 쓰면서 절망에 빠져 중이 된 것을 알았다.

한 유는 가도에게 권했다.

"낭선, 머리를 기르고 다시 과거 시험에 응해 보시오. 나도 도우리다."

이렇게 하여 가도는 머리를 기르고 다시 과거시험 공부를 하였다. 한유는 가도에게 좋은 문장법에 대해 직접 지도하기도 하였다.

'내 어찌 이렇게 좋은 사람을 이제야 만났던가?' 한 유는 가도를 늦게 만난 것을 한탄할 정도로 기뻐했다. 그러나 가도는 진사 시험에 응시하였으나 또 다시 낙방의 고배를 마셨다. 보다 못한 한유는 후일 장강현의 주부 벼슬을 지내는데 도움을 주기도 하였다. 사천성 장강현의 말단 벼슬인 '주부'도 가도에게는 얼마나 감격스런 일이었을까? 그는 이때부터 호를 가장강賈長江이라 삼기도 했으니 말이다. 가도는 이후 안악현安岳縣 보주普州의 사창참군司倉慘軍으로 있다가 병으로 죽었다. 그의 무덤은 사천성 안악현에 있다.

죽기 전 가도는 매우 고심하여 시를 쓴 결과 끝내는 명시 한 편을 탄생시켰다.

심은자불우尋隱者不遇(현자를 찾아와도 만나지 못하다)

가도賈島

松下問童子 (송하문동자)
言師採藥去 (언사채약거)
只在此山中 (지재차산중)
雲深不知處 (운심부지처)

소나무 아래서 "스승님 어디 계신가?" 하고 동자에게 물으니 스승님은 약초 캐러 가셨다 하네. 이 산속 어디에 계시긴 하겠지만 구름 깊어 계신 곳 모른다 하네.

참 은근하고 매력적이다. 스승이 어디 있긴 있는데 구름이 깊어 찾을 수 없다는 것이다. 신비감과 깊은 맛을 드러내는 시가 아닌가. 죽을 때가지 그리도 힘들게 애를 쓰면서 시를 쓴 고음孤吟의 시인 가도! 세기의 명작을 내놓았던 것이다.

한유가 가도의 시를 가장 좋아한 작품이 '도상건度桑乾' 이다.

客舍并州已十霜 (객사병주이십상)
병주 땅 객사에서 10년 세월 보냈구나
歸心日夜憶咸陽 (귀심일야억함양)
돌아가고 싶은 맘에 밤낮 내 고향 함양만을 그리워했다
無端更渡桑乾水 (무단갱도상건수)
무단히 다시 상건수를 건너서
卻望并州是故鄕 (각망병주시고향)
병주 땅 바라보니 병주 역시 고향이었구나

(가도, '도상건度桑乾')

가도는 타관 객지 병주 땅에 10여년 살면서 고향 함양을 그리며 외로움을 달랬다. 언젠가 고향을 가 볼 생각에 잠 못 이룬 밤이 그 얼마였던가. 드디어 병주 땅을 떠날 때가 왔다. 함양을 가기 위해 상건수를 건넜다. 그리고 상건수를 건넌 쪽에서 병주 땅을 바라보았다. 그런데 왜 일까? 타관 땅 병주가 이쪽에서 바라보니 또한 정든 고향이 된 것을 알았다는 것이다. 타향도 정이 들면 고향이라는 말이 실감난다. 자신이 현재 정 붙이고 사는 곳이 가장 아름다운 고향이 아니겠는가. 한유는 이런 가도의 서정성이 아름다웠던 것이다. 그래서 이 시 '도상건' 을 한유는 가도를 아끼듯 아꼈던 것이다. 이 시에서 '병주지정幷州之情' 이란 말이 생겼다. '오래 살던 병주 고을에 대한 정' 이란 뜻인데, 오래 살던 타향을 고향에 빗대는 말이다.

한유는 각고刻苦의 노력으로 시를 짓는 가도가 좋았다. 특히 뼈를 깎는 고통 속에서 다듬고 다듬는 시인이니 더 정겨움이 들었을 것이다. 어느 날 가도는 노새를 타고 장안을 돌아다니다가 문득 바람에 쓸려가는 낙엽을 보았다. 시상이 떠올랐다. 그래서 얻은 시구가 다음과 같은 것이다.

> 秋風吹渭水　落葉滿長安 (추풍취위수 낙엽만장안)
> 가을 바람 위수를 건드리고, 낙엽은 장안을 휘덮는구나.

이 시구를 한유가 또 그렇게 좋아하였다. 짧은 구절에 얼마나 멋진 가을 서정이 담뿍 깃들어 있는가. 역시 시를 보는 한유의 섬세한 안목이 돋보인다.

가도와 함께 활약한 시인으로 맹교(751-814)가 있다. 이 두 사람은 고음시인苦吟詩人이다. 시를 지을 때 온 정신을 더해 고통을 감내하며 좋은 시를 쓰려는 사람이 가도와 맹교였다. 한유는 시 정신이 투철한 이런 시인을 좋아하지 않을 수가 없었다. 한유는 가도와 맹교의 시 창작과정이 고통속에서 진주를 캐듯 비슷하다는 것을 알았다. 어느 날 맹교가 세상을 떴다. 한유는 애석해 하며 시를 지었다.

그 내용은 이렇다.

맹교가 북망산에 묻혔네,
해와 달과 별이 빛을 잃었네
하늘이 문장 끊어질까 두려워하여
인간 세상에 가도를 보냈구나.

얼마나 가도와 맹교를 아꼈는지를 알 수 있는 글이다. 당시 사람들은 맹교와 가도의 시를 '교한도수郊寒島瘦' 라고 폄하하였다. 맹교의 시는 차고 가도의 시는 여위었다는 뜻이다. 그렇지만 한유 만은 특색 있는 시를 열심히 쓴 이 두 시인을 '빼어나고 멋진 시인' 으로 평가하였던 것이다.

만약 가도가 한유를 만나지 못했더라면 어찌 되었을까. 가도는 아마 한 평생 한을 품고 살았을지 모른다.

가도가 낙양에 있는 절에 머무를 때였다. 그곳은 오후가 되면 관청에서 중들의 외출을 금지하였다. 신체의 자유를 잃은 가도는 깊은 슬픔에 빠졌다. '내 신세가 저녁이면 집으로 돌아가는 소나 양보다도 못하구나!' 하며 한탄하였다.

가도는 시를 지을 때면 수없이 고치고 더하고 빼며 시를 짓느라 몸이 말라갔다. 오랜 기간 다듬었기에 참신하고 좋은 작품이 있었다. 그러나 많은 사람들은 한동안 그의 시를 알아주지 않았다. 가도는 이런 일로 극도로 우울증에 빠졌다. 가도는 두 개의 구절을 얻기에 3년이나 걸린 시가 있었지만 사람들이 알아주지 않으니 너무 허무하였던 것이다.

이런 그가 한유를 만나 시인이란 명성을 얻을 수 있었던 것이다.

가도에게

시 두 구절 얻는데 3년이나 걸렸는데도
알아주는 사람 없어 눈물을 흘렸구나
보아줄 사람도 없었으니 그 심사를 알만하다

소나무, 광풍에 눕다

– 시조, 박태보 '청산 자부송아'

청산 자부송自仆松아 네 어이 누엇는다
광풍을 못 이긔여 불희 져어 누엇노라
가다가 양공良工 만나거든 날 옛더라 ᄒᆞ고려.
(박태보, '병가瓶歌')

위의 시조는 조선 중기의 문신 박태보의 시조이다. 빙설 같은 세상에 의연히 자신의 지조를 지키며 한 생을 마감한 사람은 흔치 않다. 박태보 또한 자신의 지조를 지키며 살다간 몇 안 되는 사람이다.

봄 여름 가을 겨울의 사계절로 보면 강개한 기운이 서린 것은 아마도 겨울이 아닌 가 싶다. 싸늘한 기운이 흐르는 계절이 겨울이다. 달빛도 겨울 달빛은 더할 나위 없이 한랭하고 겨울 검객의 검 끝은 하늘도 벨 것 같은 기세이다.

강한 소나무이지만 겨울의 혹독한 광풍 설한에는 꺾이기도 한다.

박태보는 자신을 스스로 광풍에 꺾여 누운 소나무라 여겼다. 좋은 장인을 만나면 다듬어져 훌륭한 재목으로 쓰일 수 있으니 알려달라는 내용이다.

기사환국 때 박태보는 인현왕후 폐비 반대를 주동하다가 진도로 유배를 가게 되었다. 그러나 고문 중에 받은 독毒으로 노량진에서 죽었다. 시조 속에는 강개한 기운이 넘쳐흐른다.

이처럼 소나무는 비바람을 막아주고 우뚝함과 불변의 기상이 있을 뿐만 아니라 솔향松香이 있다. 유독 많은 사람들로부터 존중의 대상이 되는 것도 이 때문이리라. 그래서인가, 나무 중에서 으뜸으로 대접을 받는다. 소나무를 한자어로는 송松이라 한다. 뭇 나무 중에 왜 소나무를 '송松'이라고 부르겠는가. 모든 나무를 제치고 삼공三公의 반열에 드는 나무이기 때문이다.

중국의 진시황이 대궐을 나섰다가 비를 맞았다. 다행히 소나무 밑에서 안전하게 비를 피할 수 있었다. 소나무에게 고마움을 표하기 위해 품계인 '공公'을 내렸다고 한다. 공公은 품계 공公, 후侯, 백伯 중에 가장 높은 계급이다. 나무木에 품계인 '공公'을 붙이니 소나무의 이름이 '송松'이 된 것이다.

조선의 임금인 세조도 행차 길에 소나무가 길에 드리워진 가지를 올려 길을 잘 가게 했다고 하여 소나무에게 '정이품송'이란 작위를 내리기도 하였다.

십팔공, 소나무 이야기
十八公

– 시조, '꿈이 주는 암시'

이 이야기는, 오나라 역사책인 오지吳志의 손호전孫皓傳에 나오는 '십팔공十八公' 이야기이다.

정고丁固라는 사람은 매우 험한 일을 하는 사람이었다. 들에서 짐승을 잡아 연명하거나 밭에서 일을 하며 근근이 살아갔다. 어느 날 들판에서 너무 피곤하여 잠이 들었다. 꿈을 꾸었는데 배에 소나무가 무성하게 자라는 꿈이었다.

어머니가 와 보고 아들이 가위에 눌린 것을 알고 깨웠다. 아들이 꿈 이야기를 하였다. 어머니는 이야기를 듣고 얼굴에 기쁨을 감추지 않고 말했다. "길몽인 것 같구나. 소나무는 '十八公' 이니 열심히 공부하여 과거에 합격하면 18년 후에 삼공의 지위에까지 오를 수도 있겠다."하며 격려하였다. 이 말을 듣고 정고는 학문에 힘써 과거시험을 보아 급제를 하였다. 관직에 오른 지 18년 후엔 꿈속에서 암시한 것과 같이 삼공의 지위에 올랐다고 한다.

꿈이 주는 암시

들짐승 사냥하기 비탈 산 밭일구기 등
험한 일 해 나가던 효심 깃든 정고의 삶
하늘은 꿈속을 찾아와 입신양명 알렸구나.

달빛에 젓대소리

– 시조, '송하노인도'

옛 사람들은 소나무를 즐겨 그렸다. 소나무는 천년이 아니라 4천년에서 5천년을 사는 나무이다. 품격이 있고 수명이 긴 나무라 할 수 있다. 소나무를 송수천년松壽千年, 송백불로松栢不老라 하는 것도 다 오래 살기에 붙은 이름이다.

추사 김정희의 '세한도歲寒圖(국보 제180호)'는 하늘과 땅이 눈으로 하얗다. 여기에 중턱이 부러진 노송 한 그루와 잣나무 세 그루가 그려져 있다. 제주도에서 귀양살이를 하는 동안 두 번 씩이나 북경에서 책을 구해준 역관 이상적의 인품을 송백에 비유하여 그림으로 그려 선물하였던 것이다. 춥고 배고픈 제주도 귀양지에서 추사가 소나무와 잣나무를 그리는 마음은 어떠했을까.

소나무를 넣어 그린 그림에는 달, 바람, 피리. 물소리, 사람 등이 자연스럽게 어울려있다. 이상좌李上佐의 '송하보월도松下步月圖' 는 달밤에 소나무 아래에서 동자를 데리고 산책하는 노인의 모습이 그려져 있다. 눈 쌓인 들에 꼿꼿이 선 소나무와 굽은 소나무가 엉겨있는 이인상李麟祥의 '설송도雪松圖' 에는 선비의 기개가 서려있다. 소나무 사이로 들려오는 맑은 물소리를 듣는 세 사람의 벗이 그려져 있는 이인문李寅文의 '송계한담도松溪閑談圖' 와 이재관李在寬의 '송하처사도松下處士圖', 소나무 아래에서 피리를 부는 김홍도金弘道의 '선인송하취생도仙人松下吹笙圖', 장승업張承業의 '송하노승도松下老僧圖' 에도 선가의 흥취가 그려져 있다.

소나무 그림을 보고 있으려니 달빛과 구름의 말도 들릴 듯 하고, 마음은 젓대소리에 휘어진다.

송하노인도

저 노인, 술과 벗해 호로병을 기울인다
간간이 솔바람 속 구름의 말 들려오고
달빛에 젓대소리를 풍문처럼 띄운다.

절간 풍경

– 시조, '풍경'
– 한시, 이숭인 '제승방'
– 한시, 이달 '불일암증인운석'

산속 풍경의 모습이 그려진 시조를 보자. 이숭인의 한시 '제승방'을 시조로 재창작한 글이다.

풍 경

오솔길 남북으로 이어지는 산속 풍경
송화가루 비 머금어 마구마구 지는 구나
물 긷는 도인의 걸음 띠집으로 향한다

한 줄기 솟는 연기 흰구름 감아 돌고
물소리 작은 노래 적막을 흔드는 숲
어디서 바람 한 줄기 채비하고 있으려니.

눈을 들어 앞을 보니 오솔길이 남북으로 나있다. 구불구불 길게 이어져 있다. 산속에 흔히 보이는 길이다. 그런데 고개를 조금 들어 보니 송화 가루가 지고 있다. 방금 전에 온 비 때문에 무거워진 송화가 마구 날리는 것이다.

주위를 둘러보니 한 도인이 물을 길어서 마악 띠집으로 들어가고 있다. 그리고 한 줄기 파릇한 연기가 흰 구름을 감아 도는 풍경이다.

아래 작품은 이숭인의 '제승방題僧房' 이다.

山北山南細路分 (산북산남세로분)
松花含雨落紛紛 (송화함유락분분)
道人汲水歸茅舍 (도인급수귀모사)
一帶靑煙染白雲 (일대청연염백운)
오솔길이 남북으로 이어져있고
송화가루 비 머금어 마구 지누나
도인은 물을 길어 띠집으로 들고
한줄기 파릇한 연기 흰 구름 감아도네.

(이숭인李崇仁, '도은선생시집 陶隱先生詩集')

한 폭의 동양화이다. 이숭인은 벽에 걸린 옛날 그림을 보고 시를 지었다고 한다.

이색은 이 시를 읽고 당시唐詩에 못지않다고 칭찬했다 한다. 당나라 시풍의 대표적인 사람들이 조선시대의 삼당시인 이달, 백광훈 최경창 등이다. 세속에서 멀리 떨어진 세상. 도가의 담백한 시풍을 읽을 수 있다.

세상살이 별 거던가, 산에는 나무가 자라고 꽃이 피고 바람 불고 물 흐르는 그런 곳이 세상이지. 마찬가지로 물을 길어서 차를 끓이니 연기가 흰 구름 속에 섞이는 모습, 그런 평범한 일상이 비범한 세상사 아니던가.

절간 풍경을 읊은 또 다른 시가 있다.
손곡 이달의 '불일암증인운석不日庵贈因雲釋' 이다.

寺在白雲中 (사재백운중)
白雲僧不掃 (백운승불소)
客來門始開 (객래문시개)
萬壑松花老 (만학송화노)

절을 감싸는 흰 구름 한 폭
스님은 흰 구름을 쓸 생각이 없다
나그네가 오니 비로소 문이 열리는데
온 골짜기에 송화만 늙어 가누나
(이달李達, '손곡집蓀谷集')

흰 구름의 품속에 안겨 둥실 떠 있는 듯 한, 절 간 한 채. 매일 아침 일찍 스님은 절간 청소를 하는데 어찌된 일인지 청소할 생각을 하지 않는다. 절을 뒤덮은 구름을 보고도 구름을 쓸어낼 생각도 하지 않는다. 고요하고 정지된 일상을 꿈꾸고 있는 게 이 시를 쓴 시인인지 아니면 중인지 모르겠다.

절을 찾아든 나그네가 비로소 절간 문을 여니 구름 속 바깥 풍경이 드러난다. '저런!' 이미 송화가 다 떨어져버린 것을 알았다. 시간이 이렇게 빨리 감을 송화를 통해 드러낸 게다.

어찌 되었든 구름, 절, 산, 소나무 등으로 꾸며진 산속의 풍경은 아름답고 적적하여 인간의 찌든 때를 말리기에도 좋을 것 같다.

당나라 시풍이란 인간의 감정을 흔드는 면이 있는 가하면 세속을 떠난 신선들이 사는 나라 같은 선계仙界나 선적禪寂의 세계가 그려져 있다. 당나라가 노자의 도풍道風을 이은 나라이기에 인간의 자유와 정서, 최고의 이상향을 추구하는 시인이나 예술가들이 많이 나왔던 것이다.

고려나 조선에서는 중국의 성리학이 들어와 인간의 오욕칠정보다는 그것을 감추고 이기려는 성性과 이理에 치중하는 학문이 우세하였다. 문학 역시 이런 성리학적 한계를 벗어나기 힘들었다. 소나무만 보아도 대부분의 시인들은 소나무의 대단함을 노래하고 절개를 지키고 어려움을 이기는 동지적 측면이나 스승적인 측면으로 바라볼 수밖에 없는 한계를 가졌던 것이다. 이런 반면 손곡 이달은 앞의 시에서 보듯 매우 감성적이고 자연적인 시풍을 견지하였던 것을 볼 수가 있다. 이런 영향은 그의 제자인 허난설헌에게는 자유주의 사상을 불러 일으켰고 허균에게는 개혁 사상가의 면모를 일깨워 사회를 개혁하고자 하는데 온 몸을 불살랐던 것이리라.

조선 선비의 기개

– 시조, 김수장 '청송은 어찌하여'
– 시조, 성삼문 '이 몸이 죽어가서'
– 시조, 유응부 '간밤에 불던 바람'
– 한시, 신흠 '장송표'

옛날 사람들은 선비들의 기상을 소나무에 비유하여 표현하기도 하였다. 봄이 오면 나무와 꽃들은 선정적으로 예쁘게 몸을 바꾸느라 부산스럽다. 모두들 들떠 있다. 그러나 소나무는 겨울의 모습 그대로 미동도 없다. 항상 푸르고 청청한 자태만을 유지하고 있다. 겨울이 되어도 잎을 떨구지 않고 그 색 또한 바래지 않는다. 매서운 바람 앞에도 두려워하지 않고 흔들릴 뿐이다. 흰 눈이 날리면 또 그대로 흰 눈에 자신을 맡겨두는 장부의 굳건함을 보이고 있다.

봄이 와도 그 색을 더하지 않고
겨울이 되어도 그 빛이 바래지 않네
강풍이 몰아쳐도 바람 따라 흔들리고
흰 눈이 휘날려도 내맡겨 두네

위의 시는 어떤 상황이 오더라도 자신의 본성을 지키며 살아가는 의연한 선비의 기상을 그리고 있다. 가히 시련을 이겨내고 현실을 극복하는 의지의 화신이라 할 수 있다. '장송표'라는 신흠의 한시를 풀이한 내용이다. 신흠은 몇 안 되는 조선 선비의 표상이다.

장송표長松標

春來不加色 (춘래불가색)
寒至不渝色 (한지불투색)
從他長風饕 (종타장풍도)
任他飛雪白 (임타비설백)
(신흠申欽, '상촌집象村集')

곡학아세曲學阿世라는 말이 있다. 정도에서 벗어난 학문으로 세상 사람들에게 아첨한다는 뜻이다. 자신의 이익을 위해 곡학아세하는 인물들이 난무하는 세상에서 소나무처럼 꿋꿋한 기상을 살려 살기란 정말 어려운 일임에 틀림없다.

김수장의 시조 '창송은 어찌하여' 역시, 군자의 도리를 지키는 소나무를 복숭아, 자두와 대조하여 읊고 있다.

창송蒼松은 엇지ᄒᆞ여 백설을 웃는고야
도리桃李는 엇더ᄒᆞ여 청애淸靄를 둘이는고
암아도 사시四時 불변ᄒᆞᆫ이 군자절君子節을 가졌다.
(김수장, '해동가요')

창창한 소나무는 흰 눈이 날려도 웃고 있는데 도리는 어찌하여 안개에도 두려워하는가. 아마도 소나무는 사시에 불변하는 군자의 절개를 지키고 있기 때문에 그럴 것이다.

소나무의 기상은 특히 충절의 상징으로 나타난다.

이 몸이 주거 가셔 무어시 될고 ᄒᆞ니
봉래산蓬萊山 제일봉에 낙낙장송 되야이셔
백설이 만건곤滿乾坤올 제 독야청청獨也靑靑 ᄒᆞ리라.
(성삼문, '청구영언')

이 시조는 성삼문이 단종 복위를 꾀하다 실패하여 죽음을 당할 때 지은 충절의 노래이다. 죽음을 초극超克한 일편단심의 충절을, 흰 눈이 천지에 가득할 때 독야청청하는 낙락장송에 비유하고 있다. 이생에서 다할 수 없는 충절을 죽어서 봉래산 제일봉에 낙락장송으로 변신하여서까지 지키고자 다짐하는 것이다.

간밤의 부던 ᄇᆞ람에 눈서리가 치단말가
낙낙장송이 다 기울러 가노미라
ᄒᆞ믈며 못다 핀 곳이야 닐러 무삼ᄒᆞ리오.
(유응부, '가곡원류')

이 시조는 유응부의 작품으로 김종서金宗瑞의 죽음에 대한 통분을 담고 있다.
국가의 동량이 될 낙락장송(유능한 인재)이 쓰러지는 현실 정치 앞에 한탄하고 있다.

여류 시인의 절조
節操

– 시조, 송이 '솔이 솔이라 하니'

조선시대 여인들은 대체로 남성보다 자유롭지 못했다. 그러나 예외가 있었으니, 기생의 신분인 여인들은 여염집 여인들보다는 매우 자유로웠다. 따라서 남성들과 자주 교류할 수 있었기에 남성들을 조롱하는가 하면 자부심 또한 대단하였다.

다음에는 여자의 절조를 솔에 비유하여 읊은 시조이다.

솔이 솔이라 ᄒᆞ니 무슨 솔이 너겻ᄂᆞᆫ다
천심千尋 절벽에 낙낙장송 내긔로다
길 아릐 초동樵童의 졉낫시야 거러볼 줄 이시랴.
(송이松伊, '육당본 청구영언')

송이松伊는 조선 명기 9인 중의 한 사람이다. 여기에서 '솔이'는 자기의 이름 '송이'를 음차音借한 것이다. '낙락장송'은 절개가 굳은 자신을 비유한 것이다. '초동의 졉낫'은 '돈푼이나 있고 세도깨나 있다고 기생을 마음대로 할 수 있다는 생각을 가지고 덤벼드는 한량 또는 치한'을 비유한 말이다.

기생 솔이는 세상 사람들이 자기를 '솔이 솔이' 하고 부르지만 이 소나무는 평지에 나즈막하게 서서 초동의 낫으로도 베어질 수 있는 나약한 나무가 아니라고 한다. 천 길이나 되는 절벽에 뿌리를 박고 우뚝 서 있는 낙락장송임을 알아야 한다고 호언하고 있다. 비록 노류장화路柳墻花의 몸이기는 하지만 손님을 가리지 않고 누구에게나 추파를 던지는 저속한 기생이 아니라 나름대로의 지조와 꿈이 있음을 말하고 있는 것이다.

위의 시조는 강화江華 기생 송이가 나중에 그의 애인이 된 해주의 유생 박준한朴俊漢에게 과시科試의 준비를 게을리 하지 말도록 일러주며 읊은 것이라고 한다.

자신의 뜻과 자존심을 이처럼 시조로 나타낼 수 있는 기생이 있었으니 놀랍다. 참으로 대단하고 풍류를 아는 멋진 여인이 아닌가.

은자의 삶
隱者

– 한시, 혜심 '묘고대상작'
– 한시, 이서구 '자백운계부지서망소와송음'

은자隱者의 삶이란 어떤 것일까. 세상을 멀리하고 인적 끊긴 깊은 산속에서 살아가는 삶이 은자의 삶이다. 고요하고 조용한 곳을 찾아 나름대로 격조 높은 삶을 살아가는 듯하다. 어쩌면 현실을 도피하여 사는 삶인지도 모른다.

우리들 보통의 삶은 아우성치고 피곤하며 때로는 욕설과 싸움이 난무하는 시정속의 생활이다. 일상의 삶은 아픔과 괴로움이 있고 고달파서 눈물이 흐르는 삶이다. 그렇지만 사랑이 있고 위안과 따뜻한 정이 피어난다. 그래서 원효는 산중생활에서 시정잡배들이 있는 생활 속으로 들어온 것이 아닐까.

묘고대상작妙高臺上作

嶺雲閑不徹 (영운한부철)
澗水走何忙 (간수주하망)
松下摘松子 (송하적송자)
烹茶茶愈香 (팽다다유향)
(혜심慧諶, '무의자시집無衣子詩集')

한가로운 구름은 산마루에 머물고
산골 물은 분주히 흐르는구나
소나무 아래에서 솔방울 따서
솔방울 차 마시니 향기를 더하네

혜심慧諶은 진각국사眞覺國師로 호를 무의자無衣子라고 했다. 고려 고종 때의 대선사로 송광사松廣寺에는 그의 비가 있다. 이 시에는 속객俗客의 눈으로는 미치지 못하는 스님의 심상이 그려져 있다. 소나무와 솔방울은 탈속의 상징이다. 그리고 솔방울로 달인 차는 선인仙人의 식품인 것이다.

혜심이외에 이서구 역시 은자의 산중생활을 읊은 시가 있다.

자백운계부지서망소와송음自白雲溪復至西岡少臥松陰

讀書松根上 (독서송근상)
券中松子落 (권중송자락)
支笻辱歸去 (지공욕귀거)
半嶺雲氣白 (반령운기백)

소나무 그늘 아래에서 글을 읽으니
책장 위로 솔방울이 떨어지누나
지팡이에 의지하여 돌아가자니
흰 구름이 산허리를 감돌아가네
(이서구李書九, 척재집惕齋集)

은자의 산중생활을 읊은 것이다. 소나무 아래, 땅위로 뻗어 오른 솔뿌리 위에 걸터앉아 글을 읽는 것은 은자의 일상이다. 책을 읽고 있는 책장 위에 솔방울이 떨어졌다는 것은 그의 모든 생활이 선적 생활과 연계되어 있음을 암시하는 것이다. 그리고 은자가 짚고 있는 지팡이와 흰 구름도 선적 분위기에 일조하고 있다.

이 작품은 사색적이고 관조적이다. 자연의 미가 어우러진 시라 하겠다. 부지런히 땀 흘리며 살다가 가끔 이런 시 한 구절씩을 대하면 심신이 가벼워지기에, 좋다.

아름다움은 함부로 전할 수 없는 것

– 시조, '미전인'
– 한시, 최충 '미전인'

아름다움은 세상에 널려 있다. 그러나 그것을 보는 눈이 없다. 시인은 그 아름다움을 언어의 형태로 찾아내어 독자들에게 전해준다. 흔하게 보여주면 참다운 맛을 느끼기 어렵다. 그래서 최충은 아름다움을 함부로 전할 수 없다고 시로 나타내었다.

미전인未傳人

달빛은 촛불이요 산색은 손님인데
소나무에 현이 있어 악보 없이 연주하니
나 혼자 보배로 여길 뿐 전할 수가 없다네.
(최충의 한시 '미전인'을 시조로 재창작한 글)

[원문]
滿庭月色無烟燭 入座山光不速賓 更有松絃彈譜外 只堪珍重未傳人
만정월색무연촉 입좌산광불속빈 갱유송현탄보외 지감진중미전인

'자연을 보배로만 여길 뿐 사람에겐 전할 수 없네'로 제목을 붙인 칠언절구다. 작자는 성재惺齋 최충崔沖이다. 한시 원문을 번역하면 다음과 같다.

뜰에 가득하게 찬 달빛은 연기 없는 촛불이요
정원에 들어차는 산색은 초대하지 않은 손님이라네
이에 더해 소나무 현이 있어 악보 밖의 곡을 연주하느니
다만 보배로이 여길 뿐 사람에게는 함부로 전할 수는 없네

위 시제는 [사람에겐 전할 수 없네]로 번역된다.

달빛이 비치는 여름밤이나 가을밤은 얼마나 운치가 있는 산골의 밤인지 모른다. 그 달빛을 시인은 연기 없는 촛불이라며 은유적 표현을 하였다. 또한 달빛이 들어찰 무렵 마당으로 들어오는 각종 벌레 소리들은 초대하지 않은 손님이라네. 그 초대하지 않은 손님이 있어 싫은 게 아니라 오히려 반갑다는 것이다. 이에 더하여 소나무에 바람이 부니 솔바람 소리는 악보 없는 곡을 연주한다고 한다. 이 모든 것이 더할 나위 없는 보배들이라서 사람들에게 직접 전하기가 어렵다는 것이다.

시를 쓰는 일의 중요한 기능 한 가지는 가장 아름다운 것들을 가치 있게 알리는 것이다. 아름다운 일이란 것은 대단하거나 특별한 것이 아니다. 평범하고 일상적인 것들이다. 보통 사람들은 이런 평범하고 일상적인 일들에 대해 매우 귀중하거나 소중하고 아름다운 것인 줄을 느끼지 못할 경우가 많다. 시인조차도 그런 경우가 흔하다. 잘 관찰하고 성찰하는 데서 아름다움의 묘미를 얻을 수가 있다.

최충의 '미전인'시 역시 우리 주위에서 흔하게 보는 일상이다.

대도시에서 조금만 벗어나면 산과 들을 만난다. 저녁이면 숲에는 달이 비치고 소나무 사이로는 시원한 솔바람이 불어온다. 그리고 갖가지 풀벌레들이 소곤거리는 소리도 들을 수 있다. 이런 평범한 산골의 밤 정경을 최충은 놀라운 눈으로 보고 느낀다. 그만큼 아름다움과 행복의 의미를 체득하고 삶의 일부 또는 전부로 받아들인다. 우리는 주위의 생활에서 만나는 일들이 모두 소중하고 아름답고 놀라운 것이란 걸 느낄 수 있다면 굳이 시인이 될 필요도 없을 것이다.

신라시대 의상과 원효가 당나라로 불법을 구하기 위해 떠났다. 산둥 반도 부근에서 원효는 되돌아왔다. 그가 왜 불법 구하기를 포기하고 돌아온 것일까? 그렇다, 그는 이미 불법이 당나라에 있는 게 아니란 것을 알았던 것이다. 부처가 절에 있지 않은 것과 같이….

최충은 고려시대 유명한 정치가이면서도 교육자였다. 그는 관직에서 물러나면서 '9재학당' 이라는 사학을 세워 인재양성을 하였다. 그러면서 또한 많은 학자들과 지식을 교류하며 시를 지어 논하기도 하였다. 그는 관직에서 물러난 후, 교육에 힘쓴 결과 사람들은 그를 '해동공자' 라 칭했다. 앞에서 나는 그가 쓴 한시 중에 한 편을 시조로 새창작하여 소개하며 감상의 영역을 확장시키려 하였다.

매화,
어렵게 살아도 향기를 팔지 않느니

매화를 품다

숫기 많은 봄 하루가 은근히 달아오르면
한낮 선방禪房이야 화두話頭 물고 무거워도
바깥엔 자욱한 매화 온 천지가 멍멍하다

천년 향 은은한데 그냥 이리 지나치랴
고요를 박주 삼아 취하고 싶은 밤에
보게나, 달그림자가 먼저 넋을 놓았네.

(시조, 남진원 '매화를품다')

1. 이숭인과 매화
梅花

– 한시, 이숭인 '매화'

눈이 쌓이고 얼음도 풀리지 않은 때에 피어나는 꽃, 매화는 늦겨울과 이른 봄 사이에 피는 꽃이다. 봄을 맞이하는 꽃 중에서는 제일 먼저 피는 꽃, 추위 속에서 피어나기에 만인의 칭송을 받을 만하다. 원산지는 중국의 사천성이라 하는데 우리나라에 들어온 연대는 아마 삼국시대인 것 같다. 삼국시대, 신라에서 불교의 전파를 매화꽃으로 상징하여 노래한 것을 보면 추측할 수 있다.

매화와 관련이 있는 시들을 살펴보려고 한다.

고려시대의 문사 이숭인의 「도은집陶隱集」에 나오는 시 중에 '매화'가 등장한다.

坤陰用事政難禁 (곤음용사정난금)
萬彙歸根未易尋 (만휘귀근미이심)
昨夜南枝生一白 (작야남지생일백)
焚香瑞坐見天心 (분향단좌견천심)

땅이 하는 일을 알기는 실로 어려워라
만물이 뿌리로 돌아가기에 쉽게 알 수도 없는 일
그런데, 지난 밤 남쪽 매화가지에서 꽃 한송이 피었구나
향을 피우고 경건하게 앉아서 하늘의 뜻을 읽는다.

곤음은 음양에서 음을 가리키니 실상은 모든 힘을 가지고 움직이는 땅이라 볼 수 있다. 그 곤음이 일 하려는 것을 금하기는 어려운 일이다. 이 일을 '정政'으로 표현하였다. 순리를 따라 바르게 행하는 일로 보았다는 뜻이다. 만휘는 만 가지 무리라는 뜻이지만 여기서는 '만물'을 뜻한다. 만물이 뿌리로 돌아가 쉽게 찾지를 못했네.

그런데, 이 얼마나 놀라운 일인가. 지난 밤 남쪽 가지에서 흰 꽃잎 하나가 돋아났으니….

경건한 마음이 드는 것은 당연한 일이다. 하늘을 향해 단정히 앉는다. 즉 매화를 얻었음에 하늘에 감사한다는 내용이다.

일생을 춥게 지내도 향기를 팔지 않는 매화를 만난 기쁨이 얼마나 지극했으면 향을 피우고 앉았을까. 그 마음을 짐작해 볼 수 있다.

매일, 매화를 만난 듯 이렇게 경건하게 보낸다면 참으로 진실되다 할 것이다.

2. 최호와 매화
梅花

– 한시, 최호 '영매'

이번에는 중국 당나라 때의 시인 최호崔護 (? – 754)의 매화시를 보자.

최호는 요즘 말로 하면 매우 호걸이었던 것 같다. 아름다운 여인과의 러브 스토리가 많아서인지, 당나라 관리들이 나쁜 측면으로 평하는 일이 많았다고 한다.

영매詠梅

최호崔護

素艷明寒雪 (소염명한설) 희고 농염한 자태가 찬 눈 위에 빛나고
淸香任曉風 (청향임효풍) 맑은 향은 새벽 찬바람에 번지지만
可憐渾似我 (가련혼사아) 가련한 네 모습 나와 같아서
零落此山中 (영락차산중) 이 산중에서 쓸쓸히 지고 있구나.

최호는 이때 자신의 생활이 매우 어려운 처지에 놓여 있었던 듯하다. 그런 쓸쓸하고 외로운 모습을 매화에 담았다. 이 작품에 등장하는 매화는 가련해 보인다. 왜일까? 최호의 매화이기 때문이다. 삶에 지치고 의기가 없는 나약한 자신의 모습처럼 매화를 여긴 것이다.

3. 신흠과 매화
梅花

- 시조, 신흠 '산촌에 눈이 오니'
- 한시, 신흠 '동천년노항장곡'

조선 중기로 넘어오면 문장의 대가 신흠申欽 선생의 '매화'를 만난다.

桐千年老恒藏曲 (동천년노항장곡)
梅一生寒不賣香 (매일생한불매향)
月到千虧餘本質 (월도천휴여본질)
柳經百別又新枝 (유경백별우신지)

오동나무는 천년을 지나도 노래를 간직하고
매화는 일생을 춥게 지내지만 향기를 팔지 않느니,
달은 천 번을 기울어도 그 본질이 남아있고
버드나무는 백번을 꺾여도 새로운 가지가 돋는다.

오동나무가 천년을 지나도 노래를 간직하고 달은 아무리 기울어도 그 본질이 변하지 않는다. 진리나 본성이 변하지 않음을 전하고 있다. 또한 진실로 가치 있는 삶의 철학이 무엇인지를 매화와 버드나무를 통해 제시하였다.

21세기 첨단문명의 시대에 읽어 보는 신흠의 시 한 구절. 오늘날 넘쳐나는 물질의 시대에서 보석 보다 더 빛나는 가치를 안겨주고 있다. 신흠의 이런 정신은 그의 생활에서도 유감없이 보여주었다.

그의 아들 신익성은 선조의 3녀 정숙옹주와 결혼하였다. 선조는 신흠이 청렴하게 사는 것을 알고 있었기에 집을 하사하겠다고 하였다. 그러나 신흠은 사양하였다. 거절하는 것도 기개 있는 말로 하였다.

자신의 집이 훌륭하지는 못 해도 혼례를 행하기에는 부족함이 없다고 하면서 사양하였던 것이다.

그의 기개와 청렴성을 볼 수 있는 대목이다. 물질 앞에 유혹당하기 쉬운 것이 사람이다. 그러나 신흠은 선비의 지조를 지키며 매화처럼 일생을 살았다.

똑 같은 매화를 대하여도 신흠 선생은 의기가 있어 빛나면서도 절조가 있지만 최호는 의기가 꺾인 몰골로 매화까지 처량한 모습으로 만들어 놓았다.

좋은 말을 하는 사람들은 많아도 진실로 그 말을 실천하기는 어렵다. 신흠은 말과 행동이 일치한 조선의 청백리였고 백성과 나라를 사랑한 진정한 관리였다. 수많은 정승 판서가 있었지만 기억되는 사람은 몇 없다. 한 인간의 삶과 정신이 존경과 사랑을 받을 수 없었기 때문이다.

다음은 신흠 선생의 시조 속에 숨은 매화를 만나 보자.

> 산촌에 눈이 오니 들길이 묻혔어라
> 시비柴扉를 열지 마라 날 찾을 이 뉘 있으랴
> 밤중만 일편명월一片明月이 그 벗인가 하노라

인목대비 폐위사건으로 계축옥사가 일어났다. 신흠 또한 여기에 연루되어 강원도 춘천으로 유배를 왔다. 유배 온 춘천에서 쓴 시조로 알고 있다.

자연에 묻혀 담담하게 살아가는 작자의 심경이 드러나 있다. 은둔해 있는 선비의 집, 눈이 내리는 산촌이다. 사립문이 열려 있으면 눈이 내려도 사람이 안에 있는 것 같아 생기가 있다. 눈이 쌓이는데 사립문이 닫혀 있다. 사람이 살지 않는 빈 집으로 느껴진다. 눈은 풀풀 계속 내린다. 눈 위로 무거운 정적이 함께 내려쌓인다. 이 정적 속에 선비가 있다. 냉기가 도는 차가운 밤이다. 눈이 그친 파란 하늘에 쨍 – 소리가 날 듯 달빛이 눈 위를 비친다.

정적 속에 쌓인 겨울 움막 같은 집 위로 달빛이 비친다. 어딘가에서 문득, 진한 매화 향기가 몰래 피어날 것 같은 밤이지 않은가. 모든 것이 닫혀진 상태에서 그의 정신은 겨울 밤 하늘의 별빛처럼 맑고 반짝였으리라.

4. 기녀와 매화
梅花

– 시조, 매화 '매화 옛 등걸에'

조선시대 평양 기생 중 한 사람은 얼마나 매화를 좋아했는지 자신의 이름을 '매화'라고 지었다. 음율 가무에 뛰어났는데 생몰연대를 알 수가 없다. 다음의 작품은 기생 매화의 작품이다.

매화 옛 등걸에 봄철이 돌아오니
옛 피던 가지에 피엄즉도 하다마는
춘설이 난분분亂紛紛하니 필동말동 하여라
(매화, '청구영언')

그 옛날의 화려함이 얼마나 아름다웠던가? 그래서 '옛 피던 가지'라 하였다. 다시 한 번의 화려한 봄을 기대했는데, 눈발이 어지럽게 날리고 있으니…. 그러나 아주 절망은 하지 않는다. '필동말동'이라 한 걸 보면 알 수 있다. 굴뚝에 잔 연기 피어오르듯 작은 희망이 있다.

애처러운 희망이지만 희망의 여운을 남기고 있으니 아름답지 않은가. 사실 몰라서 그렇지, 봄눈은 오히려 새잎과 꽃을 피우는 전령사인데….

여인의 애틋한 마음을 알만하다. 봄눈이 분분히 날려 어지럽지만 그래도 희망 하나는 버들가지 쥔 듯 놓지 않고 있는 뜻이 아름답다.

5. 왕안석과 매화
梅花

– 한시, 왕안석 '매화'

이번에는 북송의 대문장가이며 개혁가인 왕안석王安石의 시를 보자.

매화梅花

墻角數枝梅 (장각수지매) 담장 가에 보이는 몇 개 매화가지
凌寒獨自開 (능한독자개) 한기를 이겨내고 스스로 꽃을 피웠구나
遙知不是雪 (요지불시설) 멀리서도 알 것 같으니, 눈이 아님을
爲有暗香來 (위유암향래) 그윽히 풍겨오는 향기로 알 수 있지.

단순하고 평범한 시구 같은데, 자꾸 읽으면 깊은 맛이 우러나온다. 어려서부터 독서광이었다고 한다. 많은 책을 읽고 스스로 참구하며 시대를 고뇌한 문인이며 정치가이고 개혁가였다. 그의 이런 다져진 성격은 '매화' 시에서도 그대로 드러난다. 추운 기운에 웅

크려들지 않고 스스로 한기를 이겨내는 의지, 그리고 그 힘을 모아 스스로 꽃을 피웠다고 노래하는 왕안석! 역시 개혁정신을 읽을 수 있는 대목이다.

그의 글에는 호방함이 있다. 별 다른 의미가 없는 단순한 글 같은데도 자꾸 읽어보면 기묘하여 절로 감탄이 나온다고 한다. 위의 시 역시 그렇다. 자꾸 읽으면 맑고 고상함이 깃들어 있다. '능한독자개凌寒獨自開' 평범한 글귀 같지만 범상하지가 않다. 이 글귀가 매화라는 시 전체를 높이 들어올리고 있다.

당송8대가인 왕안석의 산문은 문장이 장작을 패듯 웅장하다고 한다.

젊어서 진사시험에 합격하여 '첨서회남판관' 이란 관직을 받고 관리로서의 출발을 한다. 왕안석은 부임하여서도 잠을 잊어가며 책을 읽었다. 얼마나 열심히 책 읽기에 몰입했는지, 어느 날은 머리도 빗지 않고 등청을 하였고 세수도 하지 않고 출근하기도 했다. 왕안석이 뛰어난 인물이 된 것은 그의 뒤에 '구양수' 라는 동지가 있었기 때문이었다. 구양수는 왕안석의 글을 보고 극찬을 하였다. 그가 가는 곳마다 왕안석의 글을 칭찬하였다고 한다. 이처럼 뛰어난 문인은 그 뒤에 그를 아끼는 선배나 동료 문인이 있었기에 가능한 일이다. '진실한 칭찬' 이 얼마나 위대한 가를 알 수 있다.

6. 이황과 매화
梅花

– 한시, 이황 '도산월야영매'

이번에는 조선 성리학의 대가 이황李滉의 매화에 대한 시이다.

도산월야영매陶山月夜詠梅 (도산에서 달밤의 매화를 읊다)

獨倚山窓夜色寒 (독의산창야색한) 창에 기대서니 밤 한기가 다가오지만
梅梢月上正團團 (매소월상정단단) 매화가지에 둥근 달이 걸리네
不須更喚微風至 (불수경환미풍지) 구태여 다시 부르지 않아도 미풍이 일고
自由淸香滿院間 (자유청향만원간) 스스로 맑은 향이 뜰 가득 차오른다.

앞에서 왕안석의 시 중에 '자自'의 쓰임은 '능한독자개凌寒獨自開'라고 하여 적극적인 삶의 철학을 드러낸 반면 이황은 '자유청향만원간自由淸香滿院間'이라 하여 저절로 향기가 발함을 나타낸다. 이

는 이황의 철학적인 면모를 볼 수 있다. 모든 사물의 이치는 억지로가 아니고 스스로 익히고 울어 나와야 온전하다는 것을 일러준다.

매우 엄격한 생활과 이치를 따르는 성리학자 이황 역시 매화를 사랑한 한 사람이었나 보다. 창가에 기대서니 밤의 한기가 다가오지만 매화가지에 만월이 걸려 있는 그윽한 모습에 매료될 수밖에 없었다. 어디 그 뿐인가 생각지도 않은 여린 바람이 불어와 매화 향기가 정원에 가득 차니 말이다. 미풍이 아니었으면 맑은 매화 향이 뜰에 가득 차는 시간이 꽤나 오래 갔으리라.

매화는 역시 그 향기가 있기에 소중한 가치가 있는 것 같다. 매화의 꽃잎은 작으면서도 도도함과 단아함을 함께 갖추고 그 향기는 겨울이기에 더욱 빛을 발할 수 있다. 그런 향기가 있었기에 고난의 추위를 견딜 수 있지 않았겠나.

7. 어느 여승이 쓴 매화
女僧 梅花

– 한시, 여승 '영매화'

다시 중국 송나라 때의 여승의 매화에 관한 시를 보자.

영매화詠梅花

終日尋春不見春 (종일심춘불견춘) 종일 봄을 찾아 나섰지만 봄을 만나지 못했네
芒鞋踏破嶺頭雲 (망혜답파영두운) 짚신 신고 산꼭대기 구름밭을 헤매었지
歸來笑撚梅花臭 (귀래소연매화취) 돌아와 우연히 매화 향기 나기에
春在枝頭已十分 (춘재지두이십분) 이미 봄은 집안의 가지 끝에 와 있는 걸 알았네.

'봄'은 구하고자 하는 깨달음의 대상이었다. 그 깨달음을 찾아 헤매었지만 얻지 못했다. 그런데 매화 향기를 맡고 나서 봄이 집안의 가지 끝에 있는 것을 보았다. 치열하게 도를 구하고자 하는 중에 홀연히 깨달음을 얻은 것을 매화와 봄에 비유하여 나타내었다.

도는 이미 구하기 전에부터 내 안에 있었건만 볼 수 없었을 뿐이다.

8. 무원형과 매화
梅花

– 한시, 무원형 '매화'

당나라 말기의 시인 무원형은 〈악저송우鄂渚送友〉에서 강가에 핀 매화를 보며 이별의 정을 그렸다.

江上梅花無數落 (강상매화무수락) 보게나, 강위로 무수히 매화가 지는 이때
送君南浦不勝情 (송군남포불승정) 그대를 보내는 정 어찌 말로 다하리.

매화를 두고도 시에서는 그 노래의 빛깔이 달랐다. 망울에서부터 피어날 때의 생기를 노래하며 흥취에 젖는 시인이 있는 가 하면, 매화를 보고 이별과 절망을 노래하는 시인 또한 있음을 보았다.

위의 시에 '送君南浦' 라는 시어가 나온다. 그 후 고려시대 정지상의 한시 '送人' 에 '送君南浦動悲歌' 라는 말이 나온다. 아마 이 작품에 영향을 받은 듯하다.

9. 임포와 매화
梅花

– 시조, '꽃물 들어 아픈 날'
– 한시, 임포 '산원소매'

매화에 가장 심취하고 미친 사람은 따로 있었다. 바로 송나라의 임포林逋거사였다. 7언 율시인 '산원소매山園小梅'를 보면 그의 정신세계를 들여다 볼 수 있다. 이 작품은 송나라의 완열阮閱이 엮은 시화집 『시화총귀詩話總龜』에 수록되었다.

산원소매山園小梅

임포林逋

衆芳搖落獨喧姸 (중방요락독훤연)
占盡風情向小園 (점진풍정향소원)
疎影橫斜水淸淺 (소영횡사수청천)
暗香浮動月黃昏 (암향부동월황혼)

霜禽欲下先偸眼 (상금욕하선투안)
紛蝶如知合斷魂 (분접여지합단혼)

幸有微吟可相狎 (행유미음가상압)
不須檀板共金樽 (불수단판공금준)

모든 꽃들 졌는데 홀로 의젓하고 고와
풍정을 다 거두어 내 작은 정원에 깃들었구나.
맑은 물 얕은 곳에 매화그림자 비스듬히 드리워져
황혼의 달빛 받으며 은은한 향기로 다가오네.

흰 새가 내려오다 먼저 훔쳐보는 것인가
흰 나비도 알아 마땅히 정신을 놓은 것인가.
나직한 읊조림으로 내, 서로 소통하여 행복하니
굳이 단판위에 금 술잔이 왜 필요할까.

임포는 평생을 혼인하지 않고 서호 부근의 고산에서 살았다. 세속의 영리를 멀리한 채, 이름이 세상에 나는 것조차 싫어하였다. 그래서 시를 쓴 후에 늙어서는 기록도 하지 않았다고 한다. 이따금 호수에 나가 배를 띄워놓고 유유자적하였다.

임포는 자신의 집 주위에 수많은 매화나무를 심어놓고 학을 길렀다. 학이 날면 '손님이 왔구나' 하고 알았다. 사람들은 그를 '매처학사梅妻鶴子' 라고 불렀다.

위의 시 '산원소매山園小梅' 에서 매화에 대한 그의 소박한 사랑을 엿볼 수 있다.

황혼녘 달빛 아래 임포가 서 있다. 은은한 향기로 매화 향이 다가온다. 매화나무와 매회의 꽃 그림자는 얕은 물에 비춰 일렁인다. 물에 비치는 매화 그림자가 얼마나 아름다운지 흰 새들이 훔쳐보고 있다는 착각을 할 정도이다. 물가에 피어있는 매화들을 흰새 떼로 은유하였다. 나무에 핀 매화들을 이번에는 수만의 흰 나비 떼로 환치한 것이다. 매화 잎에 앉아 몰래 퍼지는 향기를 맡다가 나비들은 정신을 잃을 정도라고 한다. 매화의 순수한 아름다움을 이렇게 그려놓은 작품은 동서고금을 통해 만나보기 힘들 것이다.

매화! 사람의 마음을 취하게 하기도 하고 사람의 정신을 올곧게 만들기도 하며 뭇 사람들의 정인情人이 되기도 하는 여인 중의 여인, 선비 중의 선비.

날이 가고 해가 갈수록 더욱 사람들을 매화의 사랑 속으로 빠져들게 하니, 매화야말로 꽃 중의 꽃 아닌가.

꽃물 들어 아픈 날

우수雨水 지난 골짜기에 새 물 줄기 드리우듯
내 마음 계곡에는 움돋는 강이 있다.
매화꽃 향기의 물줄기, 장강보다 긴 흐름

띄워놓은 거룻배 안, 화지畵紙를 펼쳐놓으니
나는 돌연 붓이 되어 홀연히 휘몰아친다
꽃물 든 내 봄날의 아픔 아스라이 날린다.

* 서호西湖: 저장성(절강성) 항주에 위치. 상해 밑에 있는 성으로 중국에서 가장 아름다운 호수이다. 영원한 미인의 호수로 불리워진다. 서호는 뭇사람들이 꿈속에서라도 그리던 천국이다.
과거 남송의 도읍지였으며 임포가 살았던 고산은 서호에서 유일하게 자연 그대로의 산이다. 북송 때 소동파도 잠시 관리로 있던 곳이다. 봄날 호숫가를 거닐면 휘늘어진 수양버들이 극도의 즐거움을 안겨준다.

은둔을 나무랄까 보다

– 시조, 장만 '풍파에 놀란 사공'
– 한시, 김극기 '어옹'
– 한시, 김극기 '겨울'

세상을 살아가는 방법은 나름대로의 판단과 경륜 또는 경험에 의지한다. 조선을 세운 이성계의 정치적 결단과 판단에 불만을 품은 사람들 중에는 죽림칠현처럼 은둔적인 삶을 살거나 유랑의 삶을 살다간 인물들이 있다. 이색, 길재, 김시습, 이숭인 등이다.

이외에도 산림에 은거한 인물로는 노봉老峯 김극기 라는 인물이 있다. 김극기는 고려 후기의 인물로 진사 시험에 합격한 이후로는 산림에 은거하며 살다간 인물이다. 그러나 죽림칠현이나 고려의 삼은과는 달리 농촌에 살며 농민의 삶과 현실을 실존적으로 체험하며 시를 쓴 사람이다. 어찌 보면 농민문학의 효시를 이루었다고 보여지기도 한다. 그의 시 '어옹' 에서 보면 정치인이나 관료들의 은둔적 삶을 매우 비판하고 있는 것을 알 수 있다.

어옹漁翁

天翁尙未貰漁翁 (천옹상미세어옹)
故遣江湖少順風 (고견강호소순풍)
人世險巇君莫笑 (인세험희군막소)
自家還在急流中. (자가환재급류중)

하늘은 어옹에게 넉넉한 세상을 보여주지 않는다
그리하여 세상에 아픔을 겪게 한다
그러나 저 인간세상을 험하다고 여기지 마소
그대가 있는 그곳이 더 큰 급류에 휘말리고 있음을.

이 작품의 주제와 유사한 작품으로 조선 인조 때 시조로 쓴 작품이 있다.

풍파에 놀란 사공 배 팔아 말을 사니
구절양장이 물 도곤 어려워라
이 후란 배도 말도 말고 밭 갈기만 하리라

조선 인조 때 문인이며 정치가인 장만張晩(1566-1629)이 지은 작품이다.

구절양장九折羊腸은 양의 창자가 아홉 번이나 꼬부라졌다는 뜻인데 꼬불꼬불하고 험한 산길을 뜻한다. 그만큼 생활하기가 어려움을 뜻하는 말이다. 연약한 선비가 알 것이나 할 것인가? 밭갈이 하는 것이야말로 정말로 얼마나 어려운 일인 줄을…

김극기의 시 중에서 '겨울冬' 을 보면 음풍농월과는 전혀 다른 새로운 시의 면모를 보이고 있다.

겨울冬

김극기金克己

歲事長相續 (세사장상속) 농부는 한 해의 일, 계속해 이어지니
終年未釋勞 (종년미석로) 해가 끝나도 피로는 풀리지 않네
板簷愁雪壓 (판첨수설압) 판자 처마는 폭설에 무너질까 걱정하고
荊戶厭風號 (형호염풍호) 강풍에는 사립문 부서질까 맘 졸인다.

霜曉伐巖斧 (상효벌암부) 새벽 서리 밟으며 산에서 나무하고
月宵升屋綯 (월소승옥도) 달밤엔 밤에 새끼를 꼬지만
佇看春事起 (저간춘사기) 설레는 봄이 오길 또한 기다린다.
舒嘯便登皐 (서소편등고) 그때엔 언덕에 올라 휘파람도 불 것이니…

정객이 국가를 경영하는 일이나 농부가 뙈기밭을 경영하는 일이나 다를 것이 무엇이겠는가, 늘 노심초사해야 한다. 그래도 모자란다. 위의 시에서 보듯 농부는 그 누구에게 하소연도 하지 못한 채, 농사일 걱정에 맘을 졸인다. 그러나 농부에게는 꿈이 있다. 설레는 봄이 오길 기다리는 것이다. 그리고 그때엔 뒷산 언덕에 올라가 휘파람을 불겠다고 한다. 얼마나 싱그럽고 푸른 약속인가, 모든 근심 걱정이 그 휘파람 소리에 자취를 감출 것 같지 않은가 말이다.

선가의 백미
仙家 白眉

옛사람들은 여유와 여백이 생활 속에 묻어있다. 인간의 삶이 위대한 것은 그 생각이 열려있고 그 마음이 자연과 하나의 흐름으로 갈 수 있기 때문이다. 흐름대로 놓아두고 그 진경 속에 노닌다.

동양의 자유인이며 사상가인 장자는 곤鯤과 붕鵬으로 생각의 활달함을 펼쳐보였다.

북쪽 바다에 물고기가 사는데 이름이 곤鯤이다. 곤은 매우 크다. 그 크기가 수 천리나 되어 넓이를 짐작조차 할 수 없다. 곤鯤이 변해서 새가되었는데 이름이 붕鵬이다. 붕이 날면 날개가 하늘에 구름을 드리운 것 같다. 바람이 불면 이 새는 남쪽 바다로 날아가는데 그곳을 천지天池라 한다.

(北冥有魚 其名爲鯤 鯤之大 不知其幾千里也 怒而飛 其翼若垂天地雲 是鳥海運而將徙於南冥 南冥天池 : 북명유어 기명위곤 곤지대 부지기기천리야 노이비 기익약수천지운 시조 해운이장사어남명 남명천지)

선가仙家의 백미白眉는 가난함을 부富로 삼고 추함으로 평안함을 얻는다. 운행되는 우주의 작은 움직임 하나하나와 인간의 삶 하나하나가 기적 아닌 것이 없음을 안다. 부귀와 권세를 쫓는 것이 아니라, 평범하게 사는 것을 가장 귀하게 여긴다. 자유로움과 걸림이 없는 삶이 지극한 아름다움이라는 것을 알기 때문이다.

이런들 어떠하며 저런들 어떠하리

– 시조, 이방원 '하여가'
– 한시, 무문혜개 '대도무문'

편지는 문학의 장르 중에서 일정한 대상을 향해 쓰는 장르이다. 시 역시 일정한 대상을 향해 쓰기도 하였다.

특히 우리의 민족시民族詩인 시조의 경우에는 읽어주기를 바라는 특정한 대상이 있었던 작품이 있다. 상대방에게 나의 진실을 알리기 위한 적절한 방법이 일반적인 편지 보다는 감동적 언어인 시를 통해 전하는 것이 더 효과적이기 때문이다.

특정한 사람을 대상으로 한 시조는 역사 속으로 거슬러 올라간다.

정몽주가 지었다는 '단심가丹心歌' 와 이방원이 지었다는 '하여가何如歌' 는 일정한 사람을 대상으로 한 시조 작품이다.

> 이런들 어떠하며 저런들 어떠하리
> 만수산 드렁칡이 얽혀진들 어떠하리
> 우리도 이 같이 얽혀 백년까지 누리리라
> (이방원, '하여가')

이 작품은 널리 알려진 작품이고 왜 쓰여 졌는지 모르는 사람이 없다.

이방원이 정몽주의 의중을 떠 보기 위하여 펼쳐 보인 시조가 '하여가' 이다. 정몽주는 변함없는 충정의 마음을 시조로 답변하였다. 단순히 이런 얘기로만 이 시를 읽는다면 한계가 없을 수 없다. 단순하고 재미가 없다. 그냥 우리 편으로 오는 게 어떠냐? 이런 뜻의 시조이다. 그러나 이 작품의 역사적인 배경을 잠시 밀쳐두고 읽어보면 색다른 맛을 느낄 수 있다.

앞의 이방원의 시조는 중국 남송의 선승 무문혜개無門慧開의 선어록에 나오는 '대도무문大道無門'의 글을 연상한다. 물론 이방원이 쓸 때에는 정몽주의 마음을 떠 보기 위해 쓴 시이지만 굳이 거기에 한계를 정할 이유가 없다는 것이다.

大道無門 (대도무문) 큰 도는 문이 없다.
千差有路 (천차유로) 아니 모든 것이 문이다.
透得此關 (투득차관) 이 문을 통과 해야
乾坤獨步 (건곤독보) 천하에서 자유로워지리라

여기에 나오는 문은 대도大道의 문이다. 대도大道는 글자 그대로 큰 도이다. 큰 도는 문이 없다고 한다. 그러나 문이 없는 게 아니라 그 문을 드나드는 게 자유롭다는 말이다. 들어오고 싶은 사람은 자유롭게 들어오고 나갈 사람 또한 자유롭게 나가는 문이다. 걸림이 없는 문, 그게 대도의 문이다. '하여가'의 초장을 보면 '이런들 어떠하고 저런들 어떠하리' 라고 시작하고 있다. 만약 정몽주와의 시비를 논하지 않았고, 태종 또한 권력의 야심이 없었던 자라고 한다면 이 시는 그야말로 대도무문의 시임에 틀림이 없다. 중장에서는 '만수산 드렁칡이 얽혀진들 어떠하리' 하고 다시 강조를 하고 있다. 걸림 없음의 자유로움을 강조하였다. 종장에 오면 얽혀서 백년을 누리겠다고 한다. 미운 사람, 고운 사람, 못난 사람, 잘 생긴 사람 할 것 없이 어울려서 잘 살겠다는 것이다. 시만 본다면야 얼마나 따뜻하고 자유로운 시문인가. 이 시조를 가끔은 정치색을 배제하고 있는 그대로 읽어보는 것도 좋을 듯하다.

한산섬 달 밝아라

– 시조, 이순신 '한산섬 달밝은 밤에'
– 한시, 육유 '시아'

한산섬 달 밝은 밤에 수루에 혼자 앉아
큰 칼 옆에 차고 깊은 시름 하는 적에
어디서 일성호가는 남의 애를 긋나니.
(이순신, '병가瓶歌')

위의 작품은 이순신이 지은 '한산섬 달밝은 밤에'로 시작하는 시조 작품이다. 이순신은 우리들에게 너무나도 잘 알려진 구국救國의 장군이다. 한산섬은 경남 통영에 있는 섬으로 수루는 이순신이 왜적의 동태를 살피던 망루이다. 일성호가는 한 곡조의 피리소리라는 뜻이다.

1960년대는 가난하여 쌀밥 먹기도 힘들었다. 그런데 불과 60년도 되지 않아 먹고 입고 생활하는 데 큰 어려움이 없는 시대가 되었다. 그래서인지는 몰라도 개인의 이익이 대립되고 심하면 거침없이 폭력이 난무하기도 한다. 우리가 일본에게 나라를 빼앗겼다가 되찾은 지가 70년이 조금 넘었다. 조선의 선조 임금 때에는 의주로 왕이 피난을 가기까지 한, 치욕적인 사건이 있은 후 또다시 정신을 못 차리고 일본에게 나라를 빼앗기지 않았던가. 이순신 장군이 이 일을 안다면 얼마나 통분할 것인가.

나라가 있다는 것이 중하다는 것을 우리는 누구보다도 더 잘 아는 민족이다. 임진왜란 당시 이순신 장군은 오직 나라를 구하는 일념으로 전장터에 나갔다. 생각과 말과 행동이 나라사랑의 정신으로 이어졌다. 역사상 수많은 위인들이 있었지만 만고에 유래를 찾아보기 힘든 구국의 전사였다. 위의 시조에도 나라 사랑과 걱정이 물씬 담겨 감동으로 젖어들게 한다.

이밖에도 시인인 수주 변영로는 시 '논개' 에서 정절과 애국을 노래하였다. 백수 정완영은 시조 '조국' 을 통해 힘없는 나라의 설움을 토로하며 나라 사랑의 뜨거움을 문학으로 승화하였다.

중국의 북송시대에도 나라를 걱정하고 사랑하는 시인이 있었다. 잃어버린 성도를 다시 찾을 날을 기다리며 비분강개한 시인 육유(陸游1125-1210)이다.

육유는 애국시인이다. 북송의 관리였는데 금나라의 침략으로 남쪽으로 쫓겨 내려갔다. 그곳에서도 항상 나라를 되찾는데 온 힘을 기울였다. 그러나 나이 들고 기력이 약해지니 성도를 찾을 희망이 점점 멀어졌다. 외적의 침입으로 남쪽으로 쫓기어 내려간 뒤로 고토 수복을 위해 마음을 다하였지만 끝내 송나라는 고토를 회복하지 못하고 망하고 말았다.

다음의 한시는 육유가 늙어서 자식에게 부탁한 글이다.

시아示兒(아들에게)

육유

死去元知萬事空　사거원지만사공
但悲不見九州同　단비불견구주동
王師北征中原日　왕사북정중원일
家祭無忘告乃翁　가제무망고내옹

죽은 후면 아무 소용없는 일이겠지만
단지 나라의 수복을 보지 못하는 것이 슬프다
황제께서 고토를 회복하게 되면
이 애비 제사지낼 때 알리는 걸 잊지 말아라.

육유는 애국의 마음을 한 편의 시로 써서 아들에게 유언을 한 것이다. 죽은 후에라도 황제가 옛 땅을 다시 찾는다면 자신의 제삿날에 알려달라는 것이다. 조선의 이순신은 위태로운 나라를 구하는데 온 몸을 바친 위대한 애국자이다. 누가 있어 그와 같은 인물에 비교될 수 있을까. 그러나 남송시대의 육유 또한 진실로 나라를 위하는 애국자의 표상을 보이고 있음도 주목할만 하나.

화조월석
花鳥月石

– 시조, '춘소'
– 한시, 최치원 '제가야산독서당'

풍광이 아름다운 곳을 말할 때엔 화조월석花鳥月石이라 한다. 꽃과 새와 달과 바위를 뜻하는 말이다. 꽃이 피어 사람을 유혹하는 게 '화花'라면 새 울어 신비를 여는 숲을 '조鳥'라 할 수 있다. 달이 뜨는 은은한 광채와 기묘하고 우뚝한 바위의 모습은 교교한 아름다움이 깃들어있다.

또 풍화설월風花雪月이란 말도 있다. 바람과 꽃, 눈, 달을 뜻하는 말로 이 역시 아름다움을 상징하는 것들이다.

특히 풍은 바람 '풍風'자로 노니는 멋이 있고 '화花'는 앉아서 즐기는 멋이 있다. '설雪'은 한겨울의 눈을 뜻하는데 깨끗하고 담백하여 지조 높은 선비의 우아한 멋을 자아내고 달은 눈과 어울려 고상한 기운을 뿜어낸다.

아래의 한시는 동문선에 수록된 최치원의 '제가야산독서당題伽倻山讀書堂' 이란 제목으로 쓰여진 7언 절구의 작품이다.

狂奔疊石吼重巒 (광분첩석후중만)
人語難分咫尺間 (인어난분지척간)
常恐是非聲到耳 (상공시비성도이)
故敎流水盡籠山 (고교유수진농산)

첩첩 바위 사이 미친 듯 달려와 겹겹 봉우리 울리니,
지척에서 하는 말소리조차 분간키 어려워라.
늘 시비是非하며 으르렁대는 소리 들릴까 봐,
흐르는 물로 온 산을 둘러싸버렸구나.

자연을 노래하였지만 그 이면에는 세상과 뜻이 맞지 않아 은둔하는 시인의 고독이 담겨있다. 물소리가 온 산을 휘감아버렸다는 그 직관적 이미지가 신선하게 다가온다. 앞의 황진이 시조 작품이 여성이면서도 넉넉하고 활달한 남성적 이미지로 구성되었다면 최치원의 한시는 남성이면서 여성적 은둔 내지는 고독화한 내면의 모습을 보이고 있다.

춘소春逍

봄이면 골짜기에 새 물 줄기 드리우듯
내 마음 계곡에도 움돋는 여울 있어
산과 들, 향기가 모여 기화요초琪花瑤草 꽃 여울

연두색 반 쯤 차서 사위四圍가 고요한 날
그런 새소리 허공을 드나들어,
쓸쓸함 달군 마음에 길동무를 했구나

진실로 어리석은 사람과 진실로 부자인 사람

– 시조, '겨울 날 따스한 볕을'

열자 양주편의 이야기를 읽던 중 문득 고향 생각이 났다. 내가 강릉에서 중학교에 다닐 때의 일이다. 여름방학이 되면 부리나케 고향 정선의 문래리로 달려가곤 하였다. 그곳에는 산과 강과 풀벌레들이 기다려주었고 정다운 고향 친구들과 반가운 친척 아지매(아주머니)들이 계셨다. 많은 추억이 있었지만 특히 인정 넘치는 고향 아지매에 대한 기억이 떠오른다.

오랜만에 만난 고향의 이웃 아지매는 반가워 얼굴에 환한 웃음을 머금으셨다.

"지노이 왔나!"

"네, 잘 계셨어요?"

내 이름 '진원'을 아지매들은 그냥 소리 나는 대로 '지노이'라고 불렀다. 그 말이 더 친근해 듣기에 좋았다.

"내려가기 전에 우리 집에 온나. 내 밥해주는 거 먹고 가거래이." 하며 마치 자식을 대하는 것처럼 즐거워하셨다.

나는 실컷 놀다가 개학날이 가까워 오면 맛있는 음식을 얻어 먹고 내려왔다. 그 날 아지매는 옥수수며 감자 호박을 삶아 주셨다. 그때의 정겹고 고마웠던 일들이 눈에 선하다.

열자는 '열어구' 라는 인물로 춘추전국시대의 사상가이다. 열자 양주 편에는 '양주' 라는 사람의 이야기가 실려 있는데 재미있는 이야기가 전해온다.

중국 송나라 시대에 한 농부가 살았다. 그는 너무 가난하여 항상 남루한 옷을 입고 추운 겨울을 지냈다. 그러나 봄이 되면 동쪽 밭에 나가서 홀로 일을 시작하였고 따뜻한 햇볕을 등에 쬐었다. 그 사람은 대궐같이 넓고 큰 방이 있는 줄을 몰랐다. 훈훈하고 따뜻한 방이 있는 줄도 몰랐다. 비단옷이나 여우가죽으로 만든 옷이 있는 줄을 생각도 못했다. 이처럼 생활했기에 그는 항상 집에 돌아가 아내에게 이렇게 말했다.

"우리가 따뜻한 햇볕을 등에 받고 행복하게 사는 것을 다른 사람들은 모르고 있어요. 임금님께 이 햇볕을 드린다면 얼마나 좋을까."

이 말은 같은 마을에 사는 부잣집 사람에게도 전해졌다. 부자는 마음속으로 그 사람이 어리석은 사람이라 여기며 말했다.

"산속에 사는 사람이 산나물을 먹으며 아주 맛있다고 하였소. 그래서 그 나물을 그 동네에 사는 부자에게 가지고 가서 맛있다고 잡수라고 하였더이다. 그러나 그 부자는 쓴 맛이 역겨워 얼굴을 찡그리며 그 나물을 가져온 사람을 오히려 원망했소이다. 이것은 그대가 임금님께 따뜻한 햇볕을 보내드리자는 것과 무엇이 다르겠소." 하고 말했다.

우리의 경우에도 이와 비슷한 이야기가 시조로 전해온다.

따뜻한 햇볕을 임금에게 비추어드리고 싶은 사람이 있었다. 작자 미상의 다음 시조에서 보면 알 수 있다.

겨울 날 따스한 볕을 님 계신데 비취고쟈
봄 미나리 살찐 맛을 님에게 드리고쟈
님이야 무엇이 없으랴마는 내 못 잊어 하노라.

추운 겨울철에는 햇빛 한 오라기도 반갑다. 겨울에 비치는 따스한 햇볕을 임이 계신데 비춰드리면 얼마나 좋을까. 그리고 봄이 되면 도랑가에서 실하게 자라는 미나리는 얼마나 먹음직스럽고 싱싱한가. 그 살찐 미나리도 임에게 드리고 싶은 것이다.

고향에 갔을 때 밥을 먹고 가라시던 고향 아지매. 송나라 때의 농부가 임금께 햇볕을 드리고 싶은 마음. 시조에서 봄 미나리 살찐 맛을 임에게 드리고 싶은 작중 인물. 이 분들은 모두 큰 부자는 아니지만 진실로 부자인 사람임을 알겠다.

자연스러움에 순응하는 자세

– 시조, '둥근 바람'
– 한시, 백거이 '소서'

나라가 잘 되려면 기강이 세워져야 하고 사회가 아름다워지려면 질서가 있어야 한다. 가정이 평안하려면 가풍이 서 있어야 하고 국민 한 사람 한 사람은 철학과 신념이 있어야 한다. 그런데 이 모두를 아우르는 덕목이 있다. 그것은 천류天流, 즉 자연스러운 흐름이다.

자연스러움은 동양적인 사고이다. 특히 불교적인 세계관이나 노장 철학은 억지스러움을 배제한다. 도덕경 2장에는 억지스러움을 배제해야 한다는 내용이 나온다.

天下皆知美之爲美 斯惡已 皆知善之爲善 斯不善已
천하개지미지위미 사악이 개지선지위선 사불선이

천하가 다 아는 아름다움은 인위적인 미다. 그러니 가꾸고 다듬은 작위적인 미라는 것이다. 이것은 나쁜 것이다. 남들에게 보여주는,

모두가 아는 선함은 꾸며놓은 선이다. 그러므로 진정한 의미의 선이 아니다.

이글은 '아름다움' 도 순수하고 자연스러움이 있어야 한다는 것을 말하였다.

중국 당나라 때의 시인 백거이 역시 '자연스러움' 을 한시로 그렸다.

소서消暑(더위 피하기)

백거이白居易

何以消煩暑 端居一院中 (하이소번서 단거일원중)
眼前無長物 窓下有淸風 (안전무장물 창하유청풍)
熱散由心靜 凉生爲室空 (열산유심정 량생위실공)
此時身自得 難更與人同 (차시신자득 난갱여인동)

더위 피하기

삼복 더위 어찌 피할까, 방안에 잠잠하게 있으면 되지
눈 앞에 번잡한 것 다 치우니 창으로 들어오는 시원한 바람
열기는 흩어지고 마음 고요하니 방안은 자연히 서늘한 기운
이는 스스로 느껴야 하는 일. 옆에서 봐도 모르는 일이라오.

폭염이 오면 더위를 피하기 위해 선풍기를 틀고 에어컨을 틀어놓는다. 그런데 옛 사람들은 부채 하나를 들고 여름을 보냈다. 자연스러움에 순응하는 자세이다.

위의 한시에서도 더위를 피하는 방법으로 자연스러움을 택하였다. 우선 더우면 방에 가만히 있는 방법을 알려준다. 또 방안에 쌓아놓은 물건들을 치워 바람이 잘 들어오게 하면 자연히 방이 서늘해진다고 했다. 이런 방법의 피서는 스스로 느껴야 하는 법이다. 지금 사람들은 조금만 더우면 참지 못한다. 마음이 편안하지 못하고 조급하며 서두르기 때문이다.

둥근 바람

찌는 듯 더운 날에도 부채를 꺼내 부친다.
어찌 보면 미련하다 어찌 보면 또 어리석다
문명의 외진 곳에서 나를 찾는 작은 평화

부채를 부치면서 지긋이 눈 감는다
눈 감은 어둠속에 휘어지는 바람결
어디서 흙벽 냄새가 물씬 풍겨 나온다

더위 속에 묻어오는 찐득한 부귀공명
간간이 날 흔드는 풀벌레 소리를 더해
부치는 바람결에다 부귀마저 말린다.

지초와 난초 같은 사람

– 시조, '박수량'
– 한시, 박수량 '동경포대'

사람들이 행동하는 모습을 유심히 살펴보면 자신의 이익과 매우 관계가 되어 있다.

즉, 이익이 없는 일에는 별로 관심을 갖지 않는다. 정의, 도덕윤리, 사랑 등의 좋은 말 뒤에는 자신의 이익이 숨겨져 있는 경우가 많다.

눈앞의 이익이나 자신의 이익을 위해 행동하는 것이 나쁘다고는 할 수 없다. 또한 그렇게 사는 것이 우리 모두의 삶의 행태이다.

그러나 눈을 잠시 돌려보면 이익보다 정의나 선善을 위해 노력하면서 살다간 사람들이 많이 있다. 그런 사람들은 늘 향기가 난다.

명심보감 교우 편에는 공자의 이야기가 나온다.

(子日 與善人居면 如入芝蘭之室하여 久而不聞其香이나 卽與之化矣요 與不善人居에 如入鮑魚之肆하야 久而不聞其臭하되 亦與之化矣니 丹之所藏者는 赤하고 漆之所藏者는 黑이라 是以로 君子는 必愼其所與處者焉이니라)

– 공자께서 말씀하시기를 착한 사람과 함께 지내면 향기 있는 지초와 난초가 핀 방안에 있는 것과 같다. 오래 있으면 향기를 느끼지 못하지만 그것은 그 향기에 동화된 탓이다. 착하지 않은 사람과 함께 있으면 생선가게에 들어간 것과 같은 냄새가 난다. 이 또한 오래되면 냄새를 맡지 못하는 데 그 냄새에 동화된 까닭이다. 또 붉은 단사를 지니면 붉게 물들고 검은 옻을 지니면 검어지게 되니 군자는 함께 할 사람을 분별해야 한다. –

공자의 말씀에 비추어보아도, 자신의 이익을 쫓기는 쉬워도 큰 욕심을 내어 선하고 착하게 살기는 어렵다.

강릉의 위인 중에 선하게 살다 가신 분으로 박수량이란 분이 있다. 참으로 깨끗한 성품으로 오늘날 우리들에게 좋은 본이 되는 분이다.

연산조 10년에 사마시에 등과하였고 용궁현감을 지냈다. 현감으로 지낼 때에는 인과 덕으로 다스리고 청렴한 관리로 그 이름이 빛났다. 강릉 12 향현의 한 분으로 관직에 있은 지 30년이지만 집 한 채 장만하지 않으신 청렴한 분이었다.

박수량 선생께서 '경포대에 올라서' 라는 시를 지었는데, 시를 보면 그의 인품을 짐작하고도 남는다.

등경포대登鏡浦臺

박수량

鏡面磨平水府深 (경면마평수부심) 깊은 물 경호는 그림 같은데
只監形影未監心 (지감형영미감심) 아름다운 겉모습 마음까지 비칠 수 있으랴
若敎肝膽俱明照 (약교간담구명조) 사람의 깊은 마음 비춰 보인다면
臺上應知客罕臨 (대상응지객한림) 경포대 오를 사람 몇이나 될까.

선생은 호를 삼가三可라고 하는데 세 가지 가하다는 뜻이다. 그 세 가지 중의 첫째는 학문이 없으면서도 사마시에 올라 욕되지 아니하니 가하고 둘째는 전답이 없으면서도 하루 두 끼를 굶지 아니하니 가하다고 했으며 셋째는 어질고 지혜롭지도 못한 사람이 산과 물을 벗할 수 있으니 속되지 않아서 가하다고 하였다. 이를 보면 지초와 난초 같은 삼가 박수량 선생의 고아하고 담백한 인품을 짐작하고도 남음이 있다. 어찌 오늘 작은 욕심에 연연해하는 우리들에게 큰 위안이 되지 않을 분인가!

나는 그분의 청렴함과 도덕성에 손을 모으며 시조 한 수를 지었다.

박수량

참으로 곧은 마음 청렴으로 빛나셨네
선함을 실천하여 만세의 거울 되고
덕으로 베푼 선정은 청사 속에 우뚝하오.

반중 조홍 감이
盤中 早紅

– 시조, 박인로 '동기로 세 몸 되어'
– 시조, 박인로 '반중 조홍 감이'
– 한시, 월명사 '제망매가'

박인로는 시조를 생활화한 시조 작가이며 가사문학의 대가이다. 32세가 되던 해에 임진왜란이 일어나자, 붓을 던지고 의병에 가담하여 풍전등화같은 나라를 구하는 구국의 선봉에 섰다. 관리가 되어 지방관에 임명되자, 군사력을 기르고 선정을 베풀어 퇴임 후에는 선정비가 세워질 정도였다. 나이가 들어서는 자연을 벗으로 삼고 성현을 존중하고 받들며 문인, 가객으로 초연한 선비의 기상을 잃지 않았다.

동기同氣로 세 몸 되어 한 몸 같이 지내다가
두 아운 어디 가서 돌아올 줄 모르는고
날마다 석양 문외門外에 한숨 겨워 하노라
(박인로, '노계집')

'동기同氣'는 형제자매를 지칭하는 이름이다. 이 시조는 아우를 잃은 지극한 슬픔을 표현하였다.

널리 알려진 시조 「조홍시가早紅柿歌」는 부모님에 대한 애틋한 정을 시조로 읊은 명작이다. 문학적 측면에서 그의 위대한 공로는 시조의 생활화라고 할 수 있다.

반중盤中 조홍早紅 감이 고와도 보이나다.
유자柚子ㅣ 아니라도 품엄즉도 하다마는
품어 가 반길 이 업슬세 글로 셜워하나이다.
(박인로, '노계집')

효도를 하고 싶어도 부모님은 이미 이 세상 사람이 아니다. 잘 익은 감을 품속에 넣고 부모님께 드리고 싶은 데 반겨줄 사람이 없어 안타까워한다.

가족은 대개 피붙이로 기쁨과 슬픔을 함께하며 정겹게 지내는 식구들이다. 가장 마음에 담고 사는 사람들인데 가족 중에 누군가가 세상을 떠나면 그 상실감은 이루 말할 수 없다.

박인로가 부모님과 형제간의 아픔을 시조로 나타내었다면 신라시대 월명사는 누이의 죽음에 깊은 탄식을 자아내며 향가를 지었다.

제망매가祭亡妹歌

월명사

죽고 사는 길 여기에 있구나
두려워지고,
세상을 하직한다는 말도 못한 채 떠났구나
가을날 바람에 떨어지는 나뭇잎처럼…
한 가지에서 낳아 가지고
가는 곳을 모르겠다.

아아 미타찰에서 만나볼 날
도를 닦아 기다리련다

[원문]

生死路隱, / 此矣有阿米次肹伊遣, / 吾隱去内如辭叱都, / 毛如云遣去内尼叱古, / 於内秋察早隱風未, / 此矣彼矣浮良落尸葉如 / 一等隱枝良出古, / 去奴隱處毛冬乎丁, / 阿也, 彌陁刹良逢乎, / 吾道修良待是古如.

월명사는 신라 경덕왕 때 승려이다.

아우가 세상을 떠난다는 이야기도 못한 채 죽음의 나라로 갔다. 그곳이 어디인지도 모르겠다. 가을날 바람에 떨어지는 나뭇잎처럼 가버렸다. 한 나무에서 자라 떠나갈 때는 산지사방 어디로 가는 것일까, 정처 없다. 불도를 열심히 닦아 극락세계에서나 만날 것을 기다리겠다는 것이다. 죽은 누이를 잊지 못하여 재를 올리며 지어 바친 노래이다. 고통과 아픔을 종교적으로 승화시키고 있다.

가장 마음 아픈 상처는 가족들로부터 슬픔을 겪는 일이다. 사랑하는 사람들과의 영원한 이별 앞에 무슨 말을 더 할 수 있으랴.

한송정의 노래
寒松亭

—시, '한송정'
— 시조, '한송정'
— 한시, 장연우 '한송정'

한송정

한송정 주위에
은색 달빛 쏟아지면

아련한 경포 호수
숨죽인 듯 잔잔하다.

오가며 들리는
쓸쓸한 갈매기 노래

기다리던 벗의 소식
전하려는가

* 이를 시조로 옮기면 더 멋들어진 시가 된다.

한송정

아련한 경포 호수
한송정엔 푸른 달빛

갈매기 끼룩 끼룩
울음소리 흩날리니…

행여나 내 임의 소식
전하려고 하는가

위의 시는 장연우가 거문고 바닥에 쓰인 '한송정' 글을 재창작하여 쓴 시와 시조이고 아래는 한시 원문이다.

月白寒松亭 (월백한송정) 한송정에 흰 달빛
波安鏡浦秋 (파안경포추) 경포대에는 평화로운 가을 파도
哀鳴來又去 (애명내우거) 그 사이를 오가는 갈매기 슬픈 노래
有信一沙鷗 (유신일사구) 저 갈매기 임 소식 전하려는가

(장연우, '한송정寒松亭')

'한송정'은 지금의 강릉비행장 부근의 바닷가에 있던 정자이다.

이 시가가 거문고 밑바닥에 적혀진 것을 보면 글을 짓는 작가나 음률을 아는 가인佳人이라는 것을 짐작할 수 있다. 때는 가을, 한송사의 저녁 종소리가 은은히 들려오다가 멈춘다. 한송정에 와서 차를 마시며 거문고를 뜯고 있는 가인佳人. 마침 달은 은빛을 뿌리며 한송정 주위로 쏟아지는 밤이다. 멀리 바라보니 경포호수는 기척이 없이 고요하다. 이 적막한 밤에 거문고 소리만 멈추었다가 번져나

가고 번지다가는 여리게 숨을 죽인다. 그런 중에 기러기 한 마리가 쓸쓸히 울며 지나가고 있다. 행여나 임이 계신 곳의 소식을 기러기가 전하러 온 것 같기도 하다. 벗이 올 것 같기만 하여 거문고 소리에 손의 힘이 더 실리기도 한다. 이런 서정의 품격 높은 풍정을 담고 있는 것이 이 글이다. 문향의 강릉이 아니면 이런 시가가 어찌 전해질 수 있었으리. 과히 문향이라 할 만하지 않은가.

「한송정寒松亭」은 동국여지승람에 '다도유적茶道遺蹟' 으로 전해온다. 강릉의 동쪽 15리에 있다고 하였다. 정자 곁에는 차우물이 있고 돌아궁이, 돌절구 등이 있다. 이 우물은 지금도 물이 퐁퐁 솟는다고 한다. 사선四仙인 술랑述郎, 영랑永郎, 안상安祥, 남석행南石行 등이 노닐며 차를 마셨다고 한다. 한송정 옆에는 한송사라는 절도 있었던 모양이다.

한송정은 경포대와 함께 강릉을 대표하는 매우 중요한 명소로 꼽았다. 장연우의 호는 진산晉山으로 장진산으로도 불렸다. 홍성 장씨의 시조로 고려시대 무신정권때 문신으로 행정적인 개혁을 단행한 인물이다.

고려가사 한송정寒松亭과 같은 노래는 고려시대부터 등장한 이후 조선시대로 넘어온다.

푸른 바늘로 구슬을 꿴 김시습

– 시조, '3월'
– 시조, '콩가는 맷돌'

강릉은 그 풍광이 산자수려하고 빼어난 절경이 많아 시인, 문장가가 많이 나오리라는 것을 예감할 수 있다.

이후 고려시대 말엽에는 김극기나 이달 등의 시인, 문장가들이 강릉의 대관령과 경포대의 진솔하고 순수한 아름다움을 시로 노래하였다. 이런 점에서 보면 강릉은 걸출한 문학 작가들이 많이 나오리라는 조짐을 예감할 수 있다.

조선시대로 들어오면 강릉 사람으로 매월당 김시습을 빼놓을 수 없다.

김시습(1435-1493)은 생육신의 한 사람으로 조선 전기의 학자, 문인, 스님이기도하다.

김시습은 서울에서 태어났지만 본관이 강릉이다. 아버지 때에 한양으로 이사를 갔다. 그래서 매월당 김시습은 한양에서 출생하였다. 그의 모친은 강릉에서 많이 지내셨다. 15세 되던 해에 어머니가 돌아가시자 김시습은 강릉에서 시묘살이를 하였다. 이런 연고로

「김시습 기념관」은 경포 호수를 바라보는 강릉시 운정동에 위치하고 있다. 생육신의 한 사람이며 우리나라 최초의 한문소설인 금오신화를 지은 작가이다.

다음 작품은 김시습이 세 살 때 지었다는 시이다.

복사꽃 붉어가고
버들잎 푸른 삼월은
저물어가도

솔잎에 맺힌 이슬은
방울방울
푸른 바늘에 꿰인 구슬이다.

1연은 3월 정경의 모습을 시각적 이미지로 그려냈다. 2연에서는 '이슬' 을, 메타포를 사용하여 푸른 바늘에 꿰인 구슬로 표현하였다.

桃紅柳綠三月暮 珠貫靑針松葉露
(도홍유록삼월모 주관청침송엽로)

위의 한시를 시조로 재창작 하였다.

3월

복사꽃 붉어가고 버들잎 푸른 3월
봄날은 저물건만 봄빛 또한 저물건만
솔잎에 맺힌 구슬은 동글동글 보석알

또 김시습은 알곡을 맷돌에 가는 소리를 듣고 시를 지었다.

비오는 소리 들리지 않은데
천둥소리나고요

노랑 구름 조각조각
사방으로 흩어져요.

맷돌에서 나는 소리를 천둥소리로 비유하였고 콩알이 부서져 나오는 것을 노랑 구름이 사방으로 흩어진다고 표현하였던 것이다. 동심의 표출이 아름답게 드러나고 있는 작품이다.

無雨雷聲何處動 黃雲片片四方分
(무우뇌성하처동 황운편편사방분)

이 또한 시조로 재창작 해 보았다.

콩 가는 맷돌

비 오는 소리는 들리지 않은데
어디서 천둥소리 쿠르릉쾅 쿠르릉쾅
노랑빛 구름 조각이 천지사방 흩어져요.

석류와 이율곡

– 시조, '산중에서'
– 한시, 이율곡 '석류'
– 한시, 이율곡 '산중'

율곡은 이원수李元秀와 평산신씨平山申氏 신사임당의 4남 3여 중 3남으로 태어났다. 이율곡은 조선 중기의 대학자이며 정치가이다. 이기론에서 주기론을 주장하고 영남학파 이황과 성리학에서 쌍벽을 이룬 기호학파의 대학자이다. 본명이 이이李珥이고 율곡栗谷은 그의 호이다. 그가 거주하던 경기도 파주의 파평면 율곡리의 '율곡'을 따서 호를 삼았다. 본관은 덕수德水. 어려서부터 어머니 신사임당으로부터 가르침을 받았다. 1551년 어머니가 돌아가시자 하늘이 무너지는 아픔을 겪었다. 3년 동안 시묘살이를 한 후 1554년 율곡은 금강산 마하연으로 들어갔다. 어려서는 외갓집인 강릉에서 지냈다. 그때 외할머니 등에 업혀 놀던 이율곡은 석류나무의 아름다운 석류를 보고 동시를 지었다.

석 류

이율곡

붉은 주머니 속에
붉은 구슬이 부서져 있네.

(홍피낭리쇄홍주紅皮囊裏碎紅珠)

석류나무에 익은 석류를 붉은 주머니로 은유하고 석류 알을 붉은 구슬로 은유하여 석류의 신비함과 아름다움을 표현하였다. 석류와 석류알을 붉은 주머니와 붉은 구슬로 본 것은 깊은 사유에 의해 나온 것이 아니고 직관에 의한 표현이다. 아동문학은 이러한 직관적 표현이,특징 중의 하나이다. 순수한 맑음과 동심의 눈이 아니면 직관적 표현은 나오기 힘들다.

이미 조선 초기와 중기를 거치면서 동시의 표출 방법이 매우 정교하고 놀라웠다는 것을 알 수 있다.

다음은 율곡의 「산중山中」이란 한시이다.

산중山中(산속에서)

이율곡李栗谷

採藥忽迷路 (채약홀미로) 약초 캐기 정신 팔려 길을 잃었네
千峯秋葉裏 (천봉추엽리) 문득 돌아보니 산봉마다 물든 단풍
山僧汲水歸 (산승급수귀) 멀리 스님이 물 길어 돌아간 후
林末茶烟起 (임말다연기) 모락모락 피어오르네. 차 달이는 연기

앞의 시는 율곡이 18세 되던 해인 1554년 금강산 마하연으로 들어갔을 때 쓴 것으로 알고 있다.

산속에서 약초를 캐다가 둘러보니 어디가 어디인지 분간이 안된다. 그때 문득 놀라움을 금치 못했다. 어느새 산봉우리마다 단풍이 들어 일대 장관을 이룬 금강산의 비경.

가을 산중 풍경의 아름다움을 드러낸 표현이 극적이고 감동적이다.

이 작품을 시조로 재 창작해 보았다.

산중에서

약초 캐기 정신 팔려 그만 길을 잃었는데
문득 돌아보니 가을 깊은 단풍 불길
하늘은 더욱 푸른데 산이 넋을 잃었다

나 어린 스님이 물 긷다가 자취 없다
어디에 계시는가 산간 절집 찾아봐도
산사는 보이지 않는데, 모락모락 피는 연기

배움에 대하여…

– 시조, '배움'

배우는 일이 기쁨이 되는 줄을 몰랐다. '공부' 에 진저리가 나던 때가 많았기 때문이다. 늙어가면서야, '배움' 은 지식이고 지혜이고 사랑이라는 걸 알았다. '배우다' 라는 뜻의 한자 '學' 을 살펴보면 재미있는 사실을 알 수 있다.

'학學' 은 명사로 쓰면 '학문' , 동사로 쓰이면 '배우다' 의 뜻이다. 모두 공부와 관계된 글자이다. 이 모습을 잘 관찰해 보면 얼기설기 엮어놓은 나뭇가리나 높은 곳에 올라 멀리 내다볼 수 있는 형태의 글자이다. 어머니가 올라가면 자식이 돌아오기를 바라는 모습이고 스승이 올라가 보면 제자가 오길 기다리는 모습니다. 즉 그 모습 속에는 모두 사랑이 담겨 있다. '배움' 은 사랑이라는 것이다. 배움에 있어 지식만 있고 인간적인 사랑이 없으면 그 지식을 무엇에 쓸 것인가. 시를 쓰는 시의 본질도 마찬가지이다. 부단히 자신을 새롭게 하고 언어를 새롭게 하는 궁극적인 목적은 인간을 위해서이다. 인간의 사랑을 위해서이다. 사람은 배움이 있어야 한다는 것이 여기에 있는 것이다.

얼마전, 내가 배운 것을 기쁘게 생각한 일이 있었다.

방터골에서 시내버스에 올랐다. 몇 사람이 먼저 타고 있었는데 마을 사람들이다. 10년이 되어가도 한 번도 말을 건네지 않은 사람도 있었다. 나는 버스에 올라 그 분들께 인사부터 했다. “안녕하세요?” 이에 그분들도 웃으며 답례를 하였다. 내가 인사를 할 수 있었던 것은 배웠기 때문이었다. 사람과 사람 사이의 소통, 이것도 배움이 있었기에 가능했다. 타인에게 인사를 하는 것은 아주 어려운 배움이 아니다. 그러나 배움이 없었다면 나는 그렇게 하지 않았을지도 모른다. ‘뭐, 내가 그 사람들 아니어도 잘 살아가는데…’ 하면서 말이다.

한시를 해석하고 변용하여 새롭게 시를 쓰고 시조로 쓰는 것 역시 ‘배움’ 이고 ‘새로움’ 을 만들어가는 문학의 기쁜 노정이고 삶의 즐거움이다.

나는 내 생명이 다하는 날까지 쓰고 배우는 일을 계속 할 것이다.

배움

‘내가 누구인가’ 겸손이 배움이지
‘네가 또 누구인가’ 받드는 게 배움이지
그런 후 은빛 메타포 큰 배움의 환희지

배우고 또 비우니 옛것도 새롭고
아는 것 버리니 오늘이 경이롭네
슬픔이 앉아 있어도 즐거움이 생생하네.

대월석화
對月惜花

– 한시, 권벽 '대월석화'

우리 사는 인생사는 좋은 일이 있으면 꼭 나쁜일도 있고, 나쁜 일이 있다가도 한편으로는 좋은 일이 생기기도 한다. 늘 좋은 일만 바라는 것은 인간의 욕심일지도 모른다. 권벽은 그런 일을 달과 꽃에 비유하여 시로 썼다.

대월석화對月惜花 (달 아래에서 꽃을 그리워하다)

권벽

花正開時月未團 (화정개시월미단)
꽃 활짝 피니 달은 밝지 못하고

月輪明後已花殘 (월륜명후이화잔)
달 밝으니 꽃은 이미 시들었네

可憐世事皆如此 (가련세사개여차)
가련하구나 세상일 다 이와 같아서

安得繁花對月看 (안득번화대월간)
어찌해야 꽃 무성할 때 달 보며 즐길 수 있나.
(강재집剛齋集)

인생사가 꼬이니 자연에 대한 심사가 그리 원만할 수가 없다. 꽃이 활짝 필 때에는 달이 밝지 않고 달 밝은 밤에는 꽃이 시들어 보지 못한다는 내용이다. 아무리 좋은 일이 있어도 다른 한 편에선 근심 걱정이 생긴다는 것으로 헤아릴 수 있다. 물론 사람에 따라 다른 것이지 모두가 그런 것은 아닌 것이다. 대체로 우리 사는 삶이 이렇기도 하다.

대좌
對坐

– 시조, '성삼문'
– 한시, 성삼문 '매창소월'
– 한시, 성산문 '절명시'

사육신의 한 사람인 성삼문의 한시를 만나면 느낌이 많이 새로워진다. 아래의 작품은 안평대군을 찾아간 방에서 말없이 매화를 보는 모습의 한시 작품이다.

매창소월梅窓素月 (창밖 매화에 어리는 달빛)
성삼문成三問

溫溫人似玉 (온온인사옥)
藹藹花如雪 (애애화여설)
相看兩不言 (상간양불언)
照以靑天月 (조이청천월)

따스한 사람은 마치 옥 같고
아련한 매화는 눈 같구나

꽃도 사람도 서로 말 없어라
하늘아래 고요히 달만 비춘다

성삼문이 누구인가? 충과 의를 보여준 조선 제일의 사나이 아니던가. 그 성삼문이 안평을 찾아갔다. 마침 창밖에는 흐드러지게 매화가 피어있다. 두 사람은 찻잔을 앞에 놓고 말없이 매화를 바라보고 있다. 고요히 비추는 달빛 교교한 밤. 아니 말없는 대화를 달빛이 비추어내고 있는지 모른다.

이 한시에는 마음이 따뜻한 사람과 아련히 핀 매화의 아름다움이 그려졌다. 꽃도 사람도 서로 바라보는데 말이 필요 없다. 무슨 말이 더 필요하랴. 행복한 순간이기 때문이다. 사람들은 오래 살기를 바라고 또한 행복해지기를 바란다. 그렇지만 현실적으로 그렇게 되기는 어렵다. 성삼문은 이 시를 통해 지극한 즐거움과 행복을 나타냈다. 하늘 아래 고요히 달이 비추는 밤에 매화를 묵묵히 바라보는 그 모습은 얼마나 품격이 있고 아름다운가.

성삼문은 90살 100살이 아니라 영원을 사는 방법을 알았다. 형장으로 끌려가면서도 의연한 심사를 노래하였다. 고통스러워도 행복이 가득한 죽음을 실천하였던 것이다. '단종복위거사' 가 실패로 돌아가고, 그는 다음과 같은 절명시를 남기었다.

擊鼓催人命 (격고최인명)
回頭日欲斜 (회두일욕사)
黃泉無一店 (황천무일점)
今夜宿誰家 (금야숙수가)

목숨을 재촉하는 북소리가 둥둥둥 울리는데, 고개 돌려 바라보니 해는 지려는구나. 저승에는 주막집 하나도 없다 하니, 오늘밤은 누구의 집에서 묵을 것인가.

위의 글을 시조로 다시 재창작해 보았다.

성삼문

해 저문데, 북소리가 목숨 재촉 하는구나
머나 먼 황천길엔 주막 하나 없다는데
이 밤은 어느 집에서 뉘 재워줄 것인가.

오래 살고, 진정으로 행복한 삶이 무엇일까.
노자가 말하는 어리숙한 또는 어리석은 듯한 삶이거나, '성삼문의 절명시가 우리에게 답을 주고 있지 않나' 하고 생각해 본다.

가을밤, 등잔불 켜고…

– 시조, '산방 서정'
– 한시, 최치원 '추야우중'

뜨거운 폭염을 지나면 서늘한 가을바람이 한결 기쁘다. 가을은 풍요의 계절이지만 한편으로는 외로움의 계절이기도하다.

고운孤雲 최치원崔致遠 (857~?)의 한시 '가을밤 등잔불 켜니' 를 대하니 가을날의 쓸쓸함이 더욱 묻어든다.

어느새, 희끗해진 머리카락.

세상과 멀어진 인심을 생각하니 가을이 더욱 쓸쓸할 것임을….

그러나 외로움은 생각을 맑게 하고 마음을 정화시킨다. 산속에 사는 나도 고요히 등잔불을 켜고 앉았다. 60평생 속에서 이승을 떠나간 정든 사람들의 모습에 잠시 눈시울이 젖는다.

산방 서정

호젓한 가을 산방 등잔불 켜놓으니
풀벌레 맑은 숨결 무릎 곁에 다가오고
세월에 스민 사람들, 하얀 물결 억새꽃

사람이 행복하게 사는 것은 스스로의 확인에 있는 것이지 다른데에 있는 것이 아니다. 성공이나 실패는 삶의 과정일 뿐이다. 실패하면 불행하고 성공하면 행복하기만 할 것인가?

목표를 세우고 목표를 향해 매진하다가 실패하면 많은 사람들은 불행하다고 생각한다. 그 깊숙한 곳에 행복이 있는 줄을 알지 못한다.

최치원은 당대의 석학이며 뛰어난 경륜을 갖춘 지식인이라고 스스로 자부하였지만 그의 삶은 행복하지 못했다고 보여진다.

당나라에 있을 때나 신라에 돌아와서나 난세를 만나 포부를 마음껏 펼쳐보지 못하였다. 자신의 불우함을 한탄하면서 관직에서 물러나 산과 강, 바다를 소요자방逍遙自放하며 지냈다. 만년에는 가야산 해인사로 들어가 여생을 보냈다고 한다.

추야우중秋夜雨中(가을밤 빗소리)

최치원

秋風唯苦吟 (추풍유고음) 가을바람은 오직 아픔 같은 것
世路少知音 (세로소지음) 세상 인심 나와는 비껴 섰구나
窓外三更雨 (창외삼경우) 고요히 듣는 삼경의 빗소리
燈前萬里心 (등전만리심) 등잔불 앞에 앉았지만 마음은 만리에 가 있네.

'세로소지음世路少知音' 은 세상이 자신을 알아주지 않음을 뜻하는 말이다. 깊어가는 가을 밤, 잠은 오지 않고 등잔불 앞에 있으니 이 생각 저 생각, 마음은 만리를 날아 다니고 있다. 문득 다시 보니 고적한 등잔불 앞이라는 사실을 확인한다. 고적함에 젖은 지식인의 모습이 그려져 있다.

세월속에 저물어가며…

– 한시, 왕유 '작주여배적'

성당盛唐의 시인 왕유는 평생을 조용하고 전원적인 생활을 했다. 친구가 오면 술을 대접하고 속상한 친구에게는 술을 건네며 달래었다.

그가, 친구인 배적裵迪에게 쓴 시를 보면 알 수 있다.

작주여배적酌酒與裵迪(친구 배적에게 술을 권하며)

酌酒與君君自寬 (작주여군군자관)
상심하지 말고 친구여, 술 한 잔 하세나
人情翻覆似波瀾 (인정번복사파란)
뒤집혀 지는 게 세상의 인정 아니던가
白首相知猶按劍 (백수상지유안검)
오랜 친구도 이욕 앞에서는 칼을 겨누고
朱門先達笑彈冠 (주문선달소탄관)
고관대작도 제 욕심 때문에 젊은이의 앞길을 막지 않던가

草色全經細雨濕 (초색전경세우습)
비에 젖어 온통 잡초만 무성하고
花枝浴動春風寒 (화지욕동춘풍한)
향기 나는 꽃은 봄이 되어도 찬바람에는 피지 못하니
世事浮雲何足問 (세사부운하족문)
뜬 구름 같은 세상사 말 해 무엇하리
不如高臥且加餐 (불여고와차가찬)
차라리 높이 오르려 하지 말고 술 한잔에 고기 한 점, 맛난 음식이나 먹으며 편히 지내 보세.

왕유는 19세에 과거에 급제하여 일찍 벼슬길에 올랐다. 그의 관직은 순탄하였고 세상 풍파에 시달리지 않았다. 다만 안록산의 난 때에 그에게 끌려가 일한 것이 연루되어 곤욕을 치를 뻔하였다. 그러나 그가 읊은 시 중에 충성의 뜻이 담겼다고 주위 친구들이 상소를 하여 죽음을 면할 수 있었다. 그 후 다시 요직에 앉았으니 원만한 성품과 덕이 있는 사람이라 할 수 있다.

그는 만년에 종남산 근처에 별장을 지어 기거하였다. 그곳에서 시를 쓰고 친구도 만났다. 또 30을 전후하여 상처喪妻를 하였는데 그 후 평생 독신으로 지낸 걸 보면 꿋꿋한 면모를 살펴볼 수 있다. 그는 오랜 관직 생활을 하였기에 권력의 생리에 대해 누구보다도 잘 알고 있었다. 그래서 친구에게 맛있는 음식이나 먹고 배를 쓸면서 편안하게 지내는 것이 상책이라고 다독거리고 있다.

젊을 때는 물, 불을 가리지 않고 살다가 노년이 되면 조용히 지내는 것이 아름답다. 이따금 몇 잔의 술을 먹으며 왕유처럼 세월 속에 저물어가는 인생, 멋있지 않은가.

불욕이정
不欲以靜

– 시조, '불욕이정'
– 한시, 서거정 '추일'

도덕경 37장에는 '불욕이정不欲以靜' 이란 말이 나온다. 욕망을 가라앉히고 나면 고요함에 이른다는 말이다. 천하를 강압적으로 다스리지 말고 스스로 흘러가게 해야 한다는 뜻이 담겨있다. 도는 무위, 즉 하지 않는 것 같지만 스스로 순리에 따라 흘러가기 때문이다.

불욕이정

도는 늘 일이 없어 고요해 보이지만
욕망이 없는 것 뿐 안하는 일 하나 없네
고요는 손이 없어도 천하 만물 돌게 하듯.

어찌하여 어진 사람은 산을 좋아하는가? 공자는 인자요산仁者樂山이라 하였다. 그러나 산은 욕망을 가라앉히기는커녕 욕망을 가장 크게 간직하고 있는 듯하다. 하늘을 찌를 듯이 뾰족한 봉우리를 보라. 또 무수한 나무들과 기암괴석을 독차지 하고 있지 않은가. 어디 그 뿐이랴, 골짜기로는 물을 품었다가 쏟아내고 있으니 가히 천하의 욕심쟁이가 아닌가 말이다. 그런데도 공자는 어찌하여 산을 인자요산仁者樂山이라 하였던가.

그렇다. 산은 우뚝하면서도 욕심을 내어 자라지 않으니 욕망이 없는 것이요, 온갖 동식물을 길러도 그들을 품어줄 뿐, 그들로부터 무엇을 빼앗거나 얻으려고 하지 않는다. 온갖 인간들의 탐심이 산을 마구 파헤치고 산의 보물들을 채취해 가도 못하도록 하지 않는다. 구름과 바람이 찾아와 노닐고 햇빛과 달빛이 산을 어루만져주는 이유이다. 어찌 어진 사람이 찾아오지 않겠는가.

욕망을 가라앉히고 고요함에 깃들어 사는 즐거움이야말로 최고심이다. 이러한 경지에서 시를 쓴 시인들의 글을 대하면 역시 깊은 즐거움에 든다.

그 예를 들 수 있는 작품이 서거정의 시, '추일秋日' 이다.

추일秋日

서거정

茅齋連竹逕 (모재연죽경) 초가집은 대숲길로 이어져 있고
秋日艶晴暉 (추일염청휘) 갠 가을 날이 아주 고아라
果熟擎枝重 (과숙경지중) 익은 열매를 단 가지는 무겁게 휘어지고
瓜寒著蔓稀 (과한저만희) 오이는 날이 차서 줄기만 남아있네

遊蜂飛不定 (유봉비부정) 벌들은 쉼없이 윙윙대고
閑鴨睡相依 (한압수상의) 오리는 한가로이 졸고 있네
頗識身心靜 (파식신심정) 자못 심신이 고요함을 알겠구나
棲遲願不違 (서지원불위) 물러나 살려던 꿈 이루어졌네.

서거정은 조선 전기 최고의 문장가로 알려졌다. 세조 때부터 성종 때까지 국가의 편찬사업에 참여한 학자이며 행정 관료이다. 대제학이란 직책에 오랫동안 있었고 경국대전, 삼국사절요, 동문선 등은 그가 주도적으로 참여하여 편찬한 서적들이다. 그는 분주하고 바쁜 국가 업무에 골몰하다보니 조용히 사는 것이 꿈이었는지도 모른다. 가을날 대숲 길로 이어진 한가한 시골 집. 주변에 온갖 열매들이 익어가고 벌들이 윙윙대며 날아다니는 모습은 얼마나 정겨운 모습인가. 심신이 한가로워지면서 다시 알게 된 사실! 그것은 그토록 꿈에 그리던 전원생활이었다. 관직에서 물러나 시골 마을에서 조용히 살려던 그 꿈을 이루고 고요한 즐거움에 잠긴 모습이 마냥 평화롭다.

남명의 천석종

– 한시, 남명 조식 '천왕봉'

남명 조식은 유학의 거봉으로 알려진 분으로 특히 실천 유학에 앞장 선 분이다. 시조와 한시에서 많은 문학 작품을 남기지는 않았지만 모두 추종을 불허하는 명작들이다.

천왕봉天王峰

남명南冥 조식曺植

請看千石鐘 (청간천석종)
非大扣無聲 (비대구무성)
萬古天王峰 (만고천왕봉)
天鳴猶不鳴 (천명유불명)

청컨대 누가, 천석 종을 보았나
크게 치지 않으면 소리가 나지 않는다.

얼마나 큰 공이라야 소리가 날까
만고에 우뚝한 저 천왕봉 종을 보라
하늘 공이가 울리게 해도 미동이 없구나.

천석 종이 얼마나 큰 종인가? 콩 열다섯 말이 한 석이니 그 천배의 콩을 모아놓은 종이다. 이런 종을 치려면 얼마나 큰 공이가 있어야 할까. 만고에 우뚝한 저 지리산의 천왕봉을 보라고 한다. 종을 거꾸로 엎어놓은 그 우람한 봉우리, 그건 자연이 만든 산의 종이다. 하늘이 그 종을 하늘공이로 친다. 날마다 하늘이 하늘 공이로 울리게 하지만 거대한 산은 아무리 쳐도 울리지 않는다. 꿈쩍도 하지 않는다.

'정靜', 그 고요함이 세상천지 어디에 이보다 더할 것인가! 산을 바라보고 있으면 하늘과 땅을 뒤흔드는 장엄하고도 깊은 고요함이 들리지 않는가. 그 기상이 가히 천하에 으뜸이다. 남명 조식의 정신과 사상은 우주가 공이로 울려도 꿈쩍도 하지 않는 깊이와 넓이를 가졌으니 그 깊이를 짐작하기 어려운 것이다. 세계에 어느 시인이 이런 깊이와 정신을 담은 시를 썼는지 나는 여태 찾아보지 못하였다.

* 셋째 줄은 '爭似頭流山(두류산처럼)' 이란 글로 표현되어 있기도 하다. '지리산' 의 다른 이름이기도하다.) 61살 때 지리산 덕산으로 옮겨 와 산천재山天齋를 짓고 시냇가 정자에 써놓은 시이다. [제목은 '題德山溪亭柱(제덕산계정주)']

조선의 대 선비, 임백호

– 한시, 임백호 '자만'
– 한시, 임백호 '물곡'

'청초 우거진 골에 자느냐 누웠느냐' 하며 죽은 황진이의 무덤에서 술을 권하려던 조선의 선비, 임백호!

1549년 전남 나주에서 태어나 1587에 돌아가기 까지 많은 기행과 글을 남긴 조선의 참다운 선비였다. 세상을 거침없이 노닐었다는 점에서 노자의 '도'를 실천한 문객이라고도 할 수 있다.

임백호는 죽음을 앞에 두고도 의연하였다. 오히려 풍류적이고 초월적이었다. 그는 시 자만自挽에서 스스로를 애도한다.

자만自挽 (스스로를 애도함)

江漢風流四十春 (강한풍류사십춘)
淸明贏得動時人 (청명영득동시인)
如今鶴駕超塵網 (여금학가초진강)
海上蟠桃子又新 (해상반도자우신)

조선에서 보낸 풍류 40년의 생활
널리 사람들이 알게 되었으니

이제는 학을 타고 속세를 벗어나리라
신선 세계에 복숭아를 새롭게 맛 보겠구나

자신의 죽음을 이렇게 희극화 하는 임제, 지극한 도인이 아니고 무엇이겠는가.

임제의 아버지가 돌아간 지 2개월 후에 자신도 죽음을 맞는다. 그가 죽음을 맞기 전 자식들은 돌아갈 것을 알고 슬피 울었다.

앞의 단원(세상을 벤 언어의 검)에서도 잠깐 언급했지만 또다시 읽고싶은 글이다.

임제는 자식들에게 시를 써서 일렀다.

四夷八蠻 皆呼稱帝 (사이팔만 개호칭제)
唯獨朝鮮 入主中國 (유독조선 입주중국)
我生何爲 我死何爲 勿哭 (아생하위 아사하위 물곡)

"중국 사방의 오랑캐와 남쪽의 여덟 야만족들이 제각기 황제라고 일컫고 있거늘 유독 조선만이 중국을 주인이라 섬겼으니 내, 이런 나라에서 살 바에야 차라리 죽는 게 낫지 않겠느냐. 내가 죽거든 절대 곡하거나 눈물을 흘리지 말아라."

이 얼마나 호쾌하고 간담을 서늘하게 하는 말이냐? 한 마디 언어의 검으로 자주적이지 못한 조선의 임금과 관리들을 단번에 베어버렸으니….

이 한수로 임백호는 세계적인 문호가 되었다. 중국의 당송8대가의 작품을 보아도 이렇게 장대하고 거대한 시성詩性을 찾아보기 힘들다. 조선의 남성은 이처럼 장부의 쾌기快氣가 있었다.

동심초 사랑, 설도
同心草

– 한시, 설도 '춘망사'

이루지 못하는 사랑은 참으로 마음 아픈 일이다. 인간 세상에서 얼마나 많은 사랑의 슬픔이 강물위의 물방울처럼 스러졌던가. 절망적인 사랑의 노래가 불리어지며 심금을 울리고 있는 시 한 편이 있다.

꽃잎은 하염없이 바람에 지고
만날 날은 아득타 기약이 없네
무어라 맘과 맘은 맺지 못하고
한갖되이 풀잎만 맺으려는고
한갖되이 풀잎만 맺으려는고.

바람에 꽃이 지니 세월 덧없어
만날 길은 뜬구름 기약이 없네
무어라 맘과 맘은 맺지 못하고
한갓되이 풀잎만 맺으려는고
한갓되이 풀잎만 맺으려는고

위 시는 '동심초同心草' 라고 불리는 노래이다. 중국 당나라 촉蜀 땅에 살던 여류시인 설도薛濤(770 ? ~ 832 ?)의 시 춘망사春望詞 네 수 중에서 세 번 째 수를 안서 김억이 번안하여 작사하였다. 이를 김성태가 곡을 붙여 널리 불리게 되었다.

설도는 장안 출신으로 지금의 산시성 서안이다. 아버지는 설운薛鄖으로 당나라 관리를 지냈다. 그는 외동 딸인 설도를 몹시 사랑하여 어릴 때부터 시문을 가르쳤다. 설도는 총명하고 시재가 있었다. 하루는 아버지가 시를 짓고 대구를 하게 했다.

아버지는 마침 마당에 선 오래된 오동나무를 보고 시를 지었다.

庭除一古桐 (정제일고동) 마당에 한그루 오래된 오동나무
聳干入雲中 (용간입운중) 가지가 높이 솟아 구름 속에 있네

이 시에 설도가 대구를 지었다.

枝迎南北鳥 (지영남북조) 가지는 남북에서 오는 새들을 맞이하고
葉送往來風 (엽송왕래풍) 잎은 왕래하는 바람을 손 흔드네

이 시를 보고 아버지는 왜 슬퍼했을까. 대구를 한 시를 보면 가지와 잎을 표현하였는데 새들과 바람의 왕래를 표현하였다. 새들이 오고 가고 바람이 드나드는 것에서 아버지는 사랑하는 딸의 운명에 대한 불안감을 느꼈기 때문이다.

아버지 설운은 매우 강직한 성품이었던 모양이다. 설도의 나이 14세에 촉蜀(쓰촨성) 지방으로 좌천되었다. 그 후 몇 년 뒤 설도의 아버지는 세상을 떠났다. 이렇게 되니 가세는 기울고 설도는 일락

천장이 되었다. 그녀는 18세에 악적樂籍에 오른다.

기생이 되면서 당시 유명한 문사들과 교류가 있었다. 위고韋皐, 원진元稹, 백거이白居易, 두목杜牧 등이 그들이다. 이 중에서 위고는 특별하였다. 덕종(재위 779-805)때 위고가 사천안무사四川按撫使로 지내면서 설도를 좋아하였다. 주연이 베풀어진 자리에서 시를 짓게 한 후 여교서女校書란 이름으로 불렀다. 후일 기생을 뜻하는 말인 '교서'라는 것도 여기서 생긴 말이다. 위고는 많은 재산가였는데 위고가 죽을 때 유언으로 재산을 설도에게 남겼다. 그래서 설도는 그 후 기적에서도 나오고 평생을 곤궁하지 않게 지낼 수 있었다.

설도의 나이 40이 될 무렵을 전후하여 그녀는 젊은 시인, 원진과 사랑에 빠진다. 원진은 9세에 시를 짓고 15세에 과거에 급제하는 천재시인이다. 백거이와는 아주 친했다고 한다. 원진(779-831)과의 사랑을 하며 쓴 시가 100여 편에 이른다고 하는데 현재 전하는 것은 88편이라 한다. 그녀는 자신의 나이보다 11살이나 아래인 원진을 만났다. 원진은 31세, 감찰어사의 신분이었다. 설도의 명성을 듣고 직접 쓰촨성까지 찾아왔던 것이다. 석 달 간 아름답고도 달콤한 사랑에 빠졌으나 뜻을 이루지 못하고 헤어진다. 원진에게는 이미 아내가 있었다. 그 후 그녀는 다른 남자를 만나지 않고 일생을 홀로 보내다가 64세에 세상을 떠난다.

그녀는 위고 덕분으로 기적에서 나온 후 성도의 완화계[백화담(白花潭)이라고도 함]에 기거했다. 그곳은 시성 두보가 만년을 보낸 곳이기도 하다. 그곳에서 설도는 송화지松花紙와 소채지小彩紙를 만들어 그 종이에 시를 쓰고 종이를 선물하기도 했다. 그녀가 만든 종이라 하여 후세에 사람들은 '설도전薛濤箋'이라 불렀고 그녀가 종이에 물을 들이기 위해 길었던 우물을 설도정薛濤井이라 부르고 있다.

설도는 시를 지어 사랑하는 정인 원진에게 주고 싶었다. 슬픔과 비애의 감정을 담아 눈물로 쓴 시가 '춘망사' 라는 명시이다.

花開不同賞 (화개불동상) 꽃 피어도 함께 기뻐할 수 없고
花落不同悲 (화락불동비) 꽃이 져도 함께 슬퍼할 수 없으니
欲問相思處 (욕문상사처) 그대, 어디 계시나 묻고 싶어라
花開花落時 (화개화락시) 꽃은 저리 붉게도 피고 지는데

攬草結同心 (남초결동심) 풀 뜯어 한 마음으로 매듭을 지어
將以遺知音 (장이유지음) 님에게 보내려 마음먹으려니
春愁正斷絕 (춘수정단절) 애절한 그리움에 내 마음 끊어지나니
春鳥復哀吟 (춘조부애음) 봄새도 곁에 와서 애달피 우네

風花日將老 (풍화일장로) 바람에 꽃잎은 날로 시들고
佳期猶渺渺 (가기유묘묘) 아름다운 기약은 아득하여라
不結同心人 (불결동심인) 한마음 그대와 맺지 못하고
空結同心草 (공결동심초) 헛되이 풀잎만 하나 되는가

那堪花滿枝 (나감화만지) 어쩌나, 꽃은 피어 만발하였는데
煩作兩相思 (번작양상사) 괴로워라 사모하는 이 마음
玉箸垂朝鏡 (옥저수조경) 아침 거울에 떨어지는 눈물을
春風知不知 (춘풍지불지) 봄바람은 아는지 모르는지.

떨어지는 꽃잎은 설도의 모습인가, 지나가는 바람은 정인의 숨결인가. 홀로 늙어가는 자신의 모습을 보면서 더욱 비련에 젖는 여인.

사랑하는 사람과의 만남이 단절된 채 눈물이 앞을 가린 그리움과

아픔의 시라고 하겠다.

시를 너무도 잘 썼기에 그녀는 당나라 4대 여류시인(유재춘劉采春, 어현기魚玄機, 이야李冶)의 한사람으로 알려졌다.

재주가 비상하여 촉 땅의 4대 재녀, 촉중사대재녀蜀中四大才女(탁문군卓文君, 화예부인花蕊夫人, 황아黃娥, 설도)로도 이름을 올렸다.
설도는 64세로 생을 마감했다. 이듬해 고급관리를 지낸 단문창段文昌이 그녀를 위해 직접 묘비에 '서천여교서설도홍도지묘西川女校書薛濤洪度之墓' 라는 글을 썼다.

말년에 그녀는 쓰촨성 청두成都시의 서쪽 교외에 있는 완화계로 거처를 옮겼다가 다시 벽계방壁鷄坊으로 옮겨 '음시루吟詩樓' 라는 누각을 짓고 여생을 보냈다.
청두시의 망강루공원望江樓公園에 설도의 무덤과 그녀의 이름을 딴 우물 '설도정薛濤井' 이 있다. 설도정의 물로 술을 빚었는데 '설도주薛濤酒' 라고 불려오고 있다.

중국을 대표하는 여류 시인을 들라고 하면 설도와 이청조이다. 설도는 당나라 시대의 시인이고 이청조는 송나라 시대의 시인이다.

또 중국과 한국을 대표하는 여류시인을 들라고 하면 설도와 황진이다. 두 사람 모두 기생이란 신분이지만 시를 빼어나게 썼다. 그러나 사랑이란 측면에서 보면 큰 차이점이 있다.
설도는 이루지 못한 사랑으로 매우 슬픔에 쌓인 여성적인 시인이라면 황진이는 초월적이고도 넉넉한 뱃심 있는 사랑을 한, 오히려 반도에 살지만 대륙적인 시인의 면모를 볼 수 있다.

나무도 병이 드니…

– 시조, 정철 '나무도 병이 드니'

정승 집의 개가 죽으면 문전성시를 이루는데 정승이 죽으면 정승 집의 개만도 못하다고 했다.

옛날 중국의 송나라에 왕광원이라는 사람이 살았다. 그는 관리가 된 후에 벼슬이 빨리 높아지기를 바랐다.

'빨리 출세하는 길은 윗사람의 비위를 잘 맞추는 거야!' 이렇게 생각한 왕광원은 윗사람의 비위를 맞추기에 정신이 팔려 있었다. 어찌나 아첨이 심했는지 옆에서 보는 사람이 민망할 정도였다.

어느 날 오후에 관리들이 모여 활쏘기를 하였다. 높은 관리가 활을 쏘는 것을 보고 가까이 다가갔다. 그런데 관리의 화살은 과녁을 빗나가 멀리 날아가 풀숲에 박혔다. 그러나 왕광원은 옆에서 아첨을 떨어댔다.

"정말 대단한 솜씨입니다. 팔뚝의 힘도 세시구요!"

이 말을 들은 관리는 자신을 비웃는다고 생각하여 무척 불쾌하였다.

활쏘기가 끝난 후 술자리가 벌어졌다. 왕광원은 이 자리에서도 이 사람 저 사람에게 아첨을 떨어대기 시작하였다. 그 모습을 지켜보던 조금전의 관리는 슬그머니 자리에서 일어났다.

"자네, 내 팔뚝의 힘이 세다고 했는데 얼마나 센지 알아보겠나?"

그러자 왕광원은 속으로 높은 관리가 자신에게 이제야 관심을 갖는다고 생각했다.

"알려주시면 영광으로 알겠습니다."

"체찍으로 자네를 좀 때려보고 싶은데, 어떤가?"

왕광원은 순간 몹시 당황하여 어쩔줄을 몰랐다. 그러나 출세를 위해서라면 견뎌내야 한다고 생각했다.

"때리십시오. 손수 때리시는 매라면 즐겁게 맞겠습니다."

그러자 관리는 채찍으로 왕광원의 등을 사정없이 내리치기 시작했다. 왕광원은 매를 맞으면서도 싫은 내색도 못하고 비굴한 표정만 짓고 있었다.

왕광원은 아첨을 잘 하는 사람으로 이미 소문이 나 있었고 아첨으로 인해 위의 글처럼 큰 욕을 보기도 했다.

> 나무도 병이 드니 정자라도 쉴 이 없다.
> 호화豪華히 서신 제는 올이 갈이 다 쉬더니
> 잎 지고 가지 꺾인 후는 새도 아니 앉는다
>
> (정철, 송강가사)

위의 시조는 송강 정철이 쓴 작품이다. 나무가 병이 들어 죽으면 정자를 지을 재목으로도 쓰지 못한다. 나무가 건장하고 무성하게 서 있을 때에는 오고 가는 사람이 모두 그늘에 쉬었다 간다. 그런데 병들어 잎이 지고 가지가 꺾인 후에는 많이 날아오던 새조차 앉지 않는다는 내용이다. 권력의 자리에 있을 때에는 많은 사람들이 이익을 보려고 찾아들지만 권력의 자리에서 떠난 사람들에겐 아무도 찾아오지 않는다는 내용을 은유적으로 표현한 시조이다. 왕광원처럼 권세를 탐하거나 권력에 아부하는 사람들의 마음을 한탄하는 심정이 스며있다는 걸 알 수 있다.

아첨이나 칭찬은 그 경계가 불분명할 때가 있어 신중하게 행동해야 한다. 아첨은 자신의 이익을 얻기 위하여 겉으로 하는 과장된 칭찬이다. 칭찬은 말 그대로 순수한 생각에서 잘된 점을 강조하여 드러내 주는 말이다. 칭찬은 듣는 사람을 기쁘게 하지만 아첨은 왕광원의 경우처럼 듣는 사람의 기분을 거스를 수가 있고 자칫, 화를 당하기 쉽다.

칭찬을 할 때에도 아첨으로 들리지 않게 조심해야 할 일이다.

일자천금

– 시조, '손곡과 고죽의 우정'
– 한시, 손곡 이달 '금대곡증고죽사군'

손곡 이달이 어느 날 한 여인과의 사랑에 빠졌다. 손곡은 여인에게 비단치마를 입히고 싶었다. 그러나 주머니엔 비단을 살만한 돈이 없었다. 부득이 벗인 최경창에게 시를 써서 그 사연을 알렸다. 최경창은 손곡의 글을 받고 비단 옷감을 끊을 수 있는 것보다 더 많은 돈을 보냈다. 아름다운 우정이었다.

아래의 글은 손곡 이달이 최경창에게 보낸 시 한편이다.

금대곡증고죽사군錦帶曲贈孤竹使君
손곡 이달

商胡賣錦江南市 (상호매금강남시)
朝日照之生紫煙 (조일조지생자연)
美人欲取爲裙帶 (미인욕취위군대)
手探囊中無値錢 (수탐낭중무치전)

손곡 이달이 쓴 한시 7언 절구이다. 문우인 고죽 최경창에게 치마 살 돈이 필요하다는 내용을 시로 써서 전한 것이다. 위의 한시를 풀어보면 다음과 같은 내용이다.

> 한 상인이 강남의 시장에서 비단을 팔고 있는데
> 아침 해가 비추니 자줏빛 색감이 너무 황홀할 지경이라네
> 사랑하는 여인에게 비단치마를 선물하고 싶다네
> 그런데 주머니를 뒤져보니 돈이 없구려

이달은 조선 중기 선조 때의 시인이다. 충남 홍성에서 태어났는데 아버지는 양반인 이수함이고 어머니는 홍성의 관기였다. 시문에 능했지만 신분이 미천한 관계로 과거시험을 보지 못하였다. 젊은 시절에는 육체적 정신적으로 방황을 하였고 신분에 대한 불만이 늘 자리했다.

이달의 시는 감정을 중시하여 있는 감정을 자연스럽게 나타내는 시풍이었다. 이러한 시풍은 당나라 시풍을 닮았다하여 삼당시인으로 불려졌다. 삼당시인은 이달 이외에 친구인 최경창과 백광훈 등도 있었다. 이달은 저 유명한 여류시인 허난설헌의 스승이었고 허난설헌의 동생인 허균도 그의 문하에서 시문을 익혔다. 허균이 쓴 '홍길동전'은 스승인 손곡 이달의 아픔을 덜어내려는 뜻도 담겨 있다.

손곡 이달은 벼슬길이 막히자 나이 들어서는 원주시 부론면 손곡리에 은거하여 제자들을 양성하며 세월을 보냈다. 손곡 이달이 머물렀다고 하여 지명 이름도 손곡리이다.

고죽 최경창이 영암군수로 있을 때였다. 이곳에 들른 이달은 예쁜 관기에게 반하였다. 그래서 좋은 비단치마를 선물하려고 했으나 수중에 돈이 없어 고죽 최경창에게 시로 그 마음을 전했던 것이다. 고

죽 최경창은 그 시를 읽고 나서 말했다. "손곡의 한시는 천금처럼 귀하다." 그리고 한 글자에 비단 세필씩 값을 쳐서 비단 여든 여덟 필 값을 손곡에게 주었다고 한다. 그 내용이 허균의 〈학산초담〉에 전한다.

돈보다 귀한 것이 있다면 사람 사이에 오고 가는 정일 것이다. 돈이 많아도 사람사이의 정이 없이 살아간다면 불행할 것 같다. 돈 때문에 가족 간에 싸우고 죽이고 돈 때문에 친구사이가 멀어지기도 한다. 모두 사람보다 돈을 더 중하게 여기기 때문이다. 글자 한자가 천금보다 귀하다는 일자천금, 돈보다 사람이 중하다는 것을 은연중에 말하고 있다.

손곡과 고죽의 우정

귀한 게 있다면야 돈이라 말하지만
돈 욕심에 가족 간은 남보다 못해지고
친구도 금이 가는 건 돈 때문에 그렇지

그러나 돈보다도 우선한 것 있었으니
이달과 최경창의 아름다운 정이었네
고죽은 벗의 어려움 내일처럼 여겼구나

손곡의 여인 사랑 가슴 마구 떨리던 날
고운 비단 치맛감을 선물하고 싶었지만
가난한 시인의 사랑 근심만을 더했지

손곡의 '사랑 사연' 고죽이 알아채고
손곡의 글자는 일자천금 버금가니
한 글자 비단 세필씩 값을 쳐서 주었네

일자천금에 관한 이야기로는 고죽 최경창과 손곡 이달의 이야기 말고도 중국에서 전해지던 이야기가 있다.

춘추시대를 지나고 전국시대, 대단한 장사꾼이 있었으니 계략가 여불위이다. 여불위를 알려면 '자초'란 사람을 알아야 한다. 자초는 진나라 왕자로 조나라에 인질로 붙들려 와 있었다.

'나의 야심을 펴게 해 줄 사람이 자초이다!' 여불위는 자초에게 접근하였다. "내가 당신에게 왕이 되게 도울 수 있소." 자초는 그 말에 귀가 솔깃했다. 두 사람은 서로 이익을 얻을 수 있다는 믿음이 들자, 손을 잡았다. 여불위는 자초의 전폭적인 후원자가 된 것이다.

끝내 자초는 여불위의 계략이 성공하자 진나라의 왕이 되었다. 그 공으로 여불위는 진나라의 실권자가 되었다. 자초는 진나라의 장양왕이 되었으나 일찍 세상을 뜬다. 그의 아들 영정이 왕위에 오르는데 그가 진시황이다. 진시황이 왕위에 오르면서 여불위는 국부로 추대되었다. 여불위가 실질적인 권력을 쥐면서 많은 사람을 부릴 수 있었다. 그때 만든 책이《여씨춘추》이다.

이 책이 발간되자 여불위는 진나라 수도 함양의 거리에 책을 진열해놓고 시민들이 볼 수 있도록 한 후 상금을 내걸었다.

"이 책에서 글자가 하나라도 틀린 글자를 찾아내는 사람에게 천금을 줄 것이다."

이렇게 하여 '일자천금'이란 유명한 말이 이미 전국시대에 생겨났던 것이다.

소춘풍, 한 시대를 풍미하다

– 시조, 소춘풍 '당우를 어제 본듯'
– 시조, 소춘풍 '전언은 희지이라'
– 시조, 소춘풍 '제도 대국이오'

아주 미색이 뛰어나고 재예가 있는 여류 시조 여인이 있었으니 '소춘풍' 이다.

소춘풍은 함경도 영흥부 소속 관기였지만 성종 임금이 아껴서 자주 한양에 올라와 연회에 참여하여 노래를 불렀다.

그녀는 연회에서 시조 세 수를 불러 대신들의 마음을 쥐락펴락하였다.

당우唐虞를 어제 본듯 한당송漢唐宋을 오늘 본듯
통고금通古今 달사리達事理하는 명철사明哲士를 엇덧타고
제설 데 역력歷歷히 모르는 무부武夫를 어이 조츠리

어느 날 성종은 소춘풍에게 악부의 노래를 쓰지 말고 직접 지어서 노래를 부르라고 하며 연회에서 술을 따르게 하였다. 그녀는 금 술잔에 술을 부어 임금에게는 가지 못하고 영의정이 있는 앞까지 가서 술잔을 들고 노래를 하였다. 그 노래가 바로 위의 시조이다.

'당우唐虞' 는 태평성대를 이루었던 요순시대를 말하며, '한당송漢唐宋' 은 문화가 번성했던 한나라 당나라 송나라를 뜻한다.

요순시대를 어제본 듯 한,당,송 시대를 오늘에 본 듯 고금을 통해 통달한 밝은 선비를 어떻다고 따르지 않겠는가. 제가 설 데를 잘 알지 못하는 무인들은 어떻게 내가 따를 수 있으리오. 위 시조는 이런 뜻이다.

이 노래는 선비를 칭찬하고 무인을 욕하는 꼴이 되었다. 그러자 병조판서와 무인들이 노여워했던 것. 소춘풍은 다시 또 술잔을 들고 무인들 앞에 나아가 시조로 노래를 하며 무마하였다.

전언은 희지이戱之耳라 내 말삼 허물 마오.
문무 일체인 줄 나도 잠간 아옵거니
두어라 규규무부赳赳武夫를 아니 좇고 어이리.

'전언前言' 은 '앞에 한 말' 이란 뜻이다. '희지이' 는 농을 했을 뿐이라는 뜻이다. 전에 한 말은 농으로 한 말이오. 내 말에 허물하지 마시오. 문관과 무관이 같은 걸 나도 알고 있소이다. '규규무부' 는 '용감한 무인' 이란 뜻이다. 두어라 용감한 무인들을 아니 따르고 어찌하리오. 이런 뜻으로 노래를 불렀다.

그러자 이번에는 문관들이 또 좋아하지 않았다. 소춘풍은 다시 세 번 째 노래를 불렀다.

제齊도 대국大國이오 초楚도 역대국亦大國이라
됴고만 등국騰國이 간어제초間於齊楚여시니
두어라 하사비군何事非君가 사제사초事齊事楚리라

간어제초間於齊楚는 '맹자' 에 나오는 이야기이다. 중국의 전국시대에는 강력한 일곱 나라가 패권을 다투었는데 이들을 전국 7웅이라고 한다. 그 나라들은 제齊, 초楚, 연燕, 진秦, 한韓, 위魏, 조趙이다. 등나라는 제나라와 초나라 사이에 있던 작은 나라이다. 두 나라의 틈바구니에서 하루도 편할 날이 없었다. 어느 날 맹자가 등나라에 머물게 되자 등나라 문공이 맹자에게 살 방도를 물으니 자신이 해결할 수 있는 일이 아니지만 꼭 방법을 말하라 한다면 성을 높이 쌓은 후 그 밑에 연못을 깊이 파고 백성과 더불어 죽기를 각오하고 지키라고 말하였던 것이다. 그렇지 못하면 하루라도 빨리 이곳을 뜨는 편이 나을 것이라 말하였다.

위의 시조는 제나라도 큰나라, 초나라도 큰 나라. 그 사이에 조그만 등나라가 끼어있으니 두 나라를 다 섬기겠다는 뜻이다. 이 노래를 듣고서야 문무백관이 모두들 좋아하였다고 하였다. 한 시대를 풍미하며 자유롭고 멋지게 산 시인이 소춘풍이다.

일개 기생이 부르는 노래의 내용을 문제 삼아서 웃다가 화내다가 하는 관리들의 모습이 애처롭다. 대범하게 넘기지 못하고 속을 드러내는 속 좁은 무리들 같기 때문이다. 소춘풍은 자신의 마음을 제나라와 초나라사이에서 어려움을 겪는 등나라에 비유하여 관리들을 어루고 달래었다. 마치 마음 넓은 어머니가 떼쓰는 아이를 달래주는 모습이었다. 이런 노래를 즉석에서 창작하여 부르는 여인을 어찌 일개 기생이라 없신여길 수 있으랴. 창조적 사고도 뛰어나고 기지와 지식도 벼슬아치들에 비해 조금도 뒤지지 않았다. 오늘날 소춘풍이 살아있다면 우리 문화예술 발전에 큰 몫을 담당했을 것 같다.

물을 다스려 천하를 얻다

– 시조, '물'

물은 인간에게 생명수이지만 때로는 생명을 위협하는 존재가 되기도 한다. 물을 만져보면 한없이 부드럽다. 또 아래로 내려가는 모습을 보면서 부드러움과 겸손함을 배우게 된다.

물

세수를 하기 전에 손을 가만 담가 본다
물의 감촉은 한없이 부드럽구나
그런데 소용돌이치면 대 참변도 순식간.

이기적 욕망에 혼탁해진 사람들이
물마저 혼탁하게 만들어 놓은 지금
우리가 얻을 것들은 위협받는 목숨 뿐.

이러한 물이 인간의 이기적인 욕심에 의해 오염되고 극지방의 빙하가 빠른 속도로 녹아 해수면의 상승과 각종 물로 인한 재난을 겪게 되었다. 폭풍과 폭우는 엊그제 프랑스와 이탈리아의 도시를 망가뜨리고 인명을 앗아갔다.

노자의 도덕경 8장에는 물에 대한 이야기가 언급되었다.「上善若水 水善利萬物而不爭…」 최고의 선은 물과 같은 것이다. 물의 뛰어남은 무엇인가. 만물을 이롭게 하며 서로 다투지 않는 것이다. 도덕경에는 물의 본질을 인간의 성품에 비유하여 설명하였다.

물은 지화풍地火風과 함께 물질을 이루는 4대 원소이다. 이 중에 물은 생명 창조의 근원이 된다. 생명의 출현은 물에서 나왔지만 예부터 지구는 물 때문에 대 참변을 겪었다. 구약성서에 나오는 노아의 방주 이야기도 대홍수가 있었음을 말해준다. 중국 고대사에서도 대홍수의 이야기가 나온다.

우리의 경우에는 2002년 태풍 루사와 2003년의 태풍 매미로 인해 엄청난 피해를 본 적이 있다. 특히 강릉은 태풍 루사 때 시간당 100.5mm 강수량을 보였다. 하루 동안 870.5mm의 물폭탄이 쏟아져 오봉댐 붕괴의 위험이 있었다. 시민들은 밤중에 대피하는 소동을 벌이기까지 하였던 것이다.

고대 중국의 태평성대라고 하는 요순시대에는 9년 대홍수, 13년 대홍수가 있었다.

요나라 때 요임금은 물을 관리하기 위해 물의 전문가를 찾았는데 그 사람이 하마을의 사곤姒鯤이었다. 사곤은 성이 사씨이고 이름이 곤이다. 곤에서 보듯 '곤鯤' 은 큰 물고기를 뜻한다. 그만큼 물에 능숙하고 물을 잘 아는 사람이었다. 사곤은 물을 관리하는 중책을 맡자 물을 잘 다스리는 방법을 찾았다. 그 방법이 '제도새매堤堵塞埋' 였다. 그러나 9년 대홍수에는 이 방법이 통하지 않았다. 제도새매의 방법은 거대한 물은 제방을 쌓아 막고 침수지에는 흙으로 매몰하는 방법이었다. 폭포수처럼 흘러내리는 비가 쏟아져 불어난 황하의 거대한 물줄기를 제도새매로 다스리기에는 역부족이었다. 결국 이 프로젝트는 실패로 돌아갔다. 사곤은 치수 실패의 책임을 추궁당했고 우산羽山으로 귀양을 가서 그곳에서 굶어죽었다.

요임금에 이어 순임금이 나라를 다스리자, 또 홍수를 대비하여야 했다. 이번에는 사곤의 아들 사문명姒文命에게 책임을 맡겼다. 사문명은 아버지의 죽음을 보았기에 자신도 실패하면 죽음을 면치 못할 것이라는 것을 알고 있었다. 사문명은 13년 동안을 바깥 생활을 하며 치수의 방법에만 골몰하였다. '어떻게 하면 홍수를 관리할 수 있단 말인가?' 밤낮을 고심하고 천지를 돌아다니며 뛰어난 사람을 찾아다녔다. 밥 먹는 것도 잊고 수염도 깎지 못해 마치 모습이 들짐승 같았다. 아이를 밴 아내가 있는 집 앞을 세 번이나 지나갔지만 집에 들어가지 못하고 그냥 지나쳐야만 했다. 후일 전국시대의 학자, 맹자는 「三過其門不敢入」이라 하며 인내와 인욕으로 일에 몰두한 사문명(나중에 하나라 임금이 된 하우씨)을 칭송하였다.

이렇게 하여 찾아낸 방법이 아버지가 한 방법과는 정 반대의 방법인 인장소도湮障疏導였다. 이 방법은 넘치는 물은 잘 흐르도록 물길을 터주고 막히는 물은 터널을 뚫어서 통과 시키는 방법이었다. 이러한 방법의 토목 수로공사는 전국 구주에 물길을 터서 물의 흐름이 원만하였다. 그 결과 지긋지긋한 13년 대홍수도 막아내게 되었다. 물길을 잘 다스린 토목공사의 성공은 사문명의 권력 기반이 되었다. 그는 물을 잘 다스렸기에 천하를 얻어 요순시대 이후, 하나라를 세운 '하왕조' 가 된 것이다.

물은 옛날이나 지금이나 가장 중요한 자원이고 권력의 기반이 되는 것임을 은연중 알 수 있다.

지나침을 그치다

– 시조, '지나침의 예시'

'지나침' 이란 이야기에 앞서서, 인간의 정신작용에 대해 먼저 살펴보려고 한다. 또 인간의 정신작용을 말하기 전에 먼저 인간에게는 동식물과 다른 무엇이 있는 지를 알아볼 필요가 있다. 사람은 물건과 다른가, 같은 가. 물론 같은 점도 많지만 근본적으로 다른 점이 있다. 그것은 마음, 생각할 수 있다는 점이다.

중세 기독교 시대에는 사람에게 마음이 있어도 피조물이기에 하나님의 말씀에 의해 인간의 행동이 규제되었다. 그러나 18세기에 접어들면서 철학자 데카르트는 '나는 생각한다. 고로 나는 존재한다' 는 실존주의 시대를 맞이하였고 니체에 오면 '신은 죽었다' 고 선포하기에 이른다. 그는 이어 생명의 활발함을 노래하고 변화의 움직임에 대한 삶의 진정성을 부르짖는다.

'사람은 생각하는 사람이다' 라는 명제는 우리의 옛날이야기에도 극명하게 이미 드러났다.

한 비단장수가 비단 짐을 풀어놓고 피곤하여 들판에서 잠을 잤다. 그런데 자고 일어나니 비단 짐이 홀라당 없어졌다. 비단 장수는 이 일을 고을 원님에게 가서 고하였다. 원님은 사람들을 모아놓고 재판을 시작하였다.

원님은 비단장수가 잠을 잔 곳이 어디냐고 하자 한 들판의 무덤 옆이라고 하였다. 그곳에서 만난 사람이 있느냐고 물었다. 그러나 비단 장수는 본 사람은 없고 다만 망주석 하나가 있었다고 했다.

원님은 비단장수를 본 것은 오직 망주석이란 말을 듣고 그 망주석을 묶어 오라고 하였다. 망주석이 오자 며칠 후에 재판을 한다고 하였다. 동네 사람들은 원님이 망주석으로 재판을 하다는 말을 듣고 얄궂다고 여기면서도 모두들 모여들었다.

이윽고 원님은 재판을 시작하였다.

"망주석은 듣거라. 너는 비단 장수 옆에 있었으니 비단을 훔쳐가는 놈을 보았겠다. 어서 말해 보거라." 그러나 망주석은 돌멩이 임에 불과하니 묵묵부답이다. 이에 진노한 원님은 화를 내며 말했다. "감히 원님 앞에서 실토할 생각을 하지 않다니, 저 돌멩이가 말을 할 때 까지 매우 쳐라!" 이에 나졸들은 채찍으로 망주석을 후려치기 시작하였다. 이를 본 동네 사람들은 너무 웃기는 일이라 모두 하하하 호호호 하며 배꼽을 잡고 웃어젖혔다.

한참 화를 내던 고을 원님은 마을 사람들이 웃는 모습을 보자 대뜸 정색을 하고 말하였다. "본 사또가 재판을 하는 경건한 법정에서 함부로 웃어대다니 이놈들을 불경죄와 소란죄로 모두 감옥에 하옥시켜라." 하고 말하였다.

여기에서 동네 사람들은 왜 웃었을까. 그렇다. 돌멩이는 생각도 말도 못하는 물체라는 것을 모두 알고 있었기 때문이다. 이를 보면 사람이 생각하는 존재라는 것을 이미 옛날에 우리 조상들은 밝혀냈던 것이다.

인간의 모든 인식과 행동은 선악에 대한 사유, 선도 악도 아닌 사유를 하게 되고 그것은 사실이나 사건으로 드러나게 된다. 그리고 선과 악, 불행과 고통은 모두 지나침에서 비롯된다는 것을 알게 된다.

지나침의 예시

어릴 땐 먹지 못해 배를 쫄쫄 굶다가도
잔칫날 제삿날엔 터지도록 배 채웠다
그래서, 위장장애는 그예 병이 되었지

조금만 조금만 더, 요것만 요것만 더
일에도 욕심을 내 미련을 떨었더니
행복은 어디 숨었나 욕심만이 늘었네

노자의 도덕경 29장에는 '지나침'을 그치라는 뜻을 함유하고 있다. 사치도 태만도 또한 지나침에서 비롯된다. 좋은 일도 나쁜 일도 지나치게 하지 말라는 것이다. 달콤함도 지나치면 상하고 부유함도 지나치면 몰락의 길을 걷는다. 사치는 극에 닿으면 불행을 초래하고 편안함은 지나치면 나태함에 이른다.

그러니 지나치기는 쉬워도 적정하기는 어려운 일이다. 이 지나침을 멀리하고 조화롭게 한다면 그는 성인이고 도인이고 깨달은 분이다.

양나라 무제가 불교에 함몰하여 많은 절을 짓고 절에다 무수한 헌납을 하였다. 그리고 선불교의 창시자인 달마에게 묻는다. "내가 불사를 많이 하였는데 어떻소?" 양무제는 달마에게 칭찬을 들을 것 같아 물었다. 그러나 달마는 공이 하나도 없다고 하였다. 왜일까?

남에게 칭찬받기 위해 한 일은 지나쳤기에 안한 것보다 못하다고 대답했던 것이다.

프랑스의 현대철학자 데리다와 질 들뢰즈에 오면 인식에 상당한 변화를 보이는 철학적 개념을 설명한다. 차이와 차연이란 개념으로 생성 변화하는 구조물들을 새롭게 해석하고 있다. 모든 만물은 이 차이에 의해 거대한 세계라는 구조물이 만들어지고 그 차이로 인해 웃고 우는 변화를 거듭하고 있는 것에 관심을 가졌다. 차이에 의해 변화되는 것들은 행복, 불행, 고통, 즐거움 등의 차연을 동반하게 된다.

이런 차이에 의한 차연은 이미 3000년 전에 우리 동양 사상의 고전 속에 명확하게 나타나 있다. 인간을 포함한 우주 변화의 실체를 주역을 통해 밝혀 놓았다. 그리고 그 차이는 주역의 구성원인 '효爻' 에 의해 세분해 놓았던 것이다. 인간의 다양한 삶의 모습은 이 변화로 인한 차연에 의해 이루어졌던 것이다. 변화는 모두 엄밀하게 본다면 실상의 모습 같지만 실상의 모습이 없고 그래서 공空한 것이라는 것까지 불교의 경전에는 나와 있는 것이다. 그렇기에 인간의 욕심에 대해 '지나침' 을 경계했던 것이리라.

지나온 일을 돌이켜 보면 고통과 불행은 모두 자신의 욕심이 지나쳤기에 일어난 결과물들이란 걸 알 수 있다.

행복한 삶을 사는 것은 간단한 일이다. 모든 일에 지나치지만 않으면 된다는 사실이다.

향락이 주는 허상
虛像

– 시조, '꿈같은 허상'
– 시조, 김성기 '홍진을 다 떨치고'

탐욕으로 일구어가는 삶은 꿈같은 허상 속에 살아가는 인간 군상이다. 부귀영화도 지나고 나면 물거품 같은 것.

꿈같은 허상

탐욕으로 일군 세월 부귀영화 지나가네
꿈같은 허상에서 깨어, 나를 못 본다면
저무는 저녁 해처럼 행복 또한 멀어져라.

옛날 하나라 걸왕이 연못에 물대신 술을 채워놓았다. 그 옆에는 고기를 숲처럼 쌓아 놓은 후에 밤낮없이 취한 채로 먹고 마시는 행동을 했다. 이것이 주지육림酒池肉林이다. 북소리가 울리면 신하들이 술을 부어놓은 연못에 엎드려 소처럼 마셨다. 그런 연후에 줄에 널어놓은 고기를 입으로 뜯어먹었다. 걸왕도 함께 이런 행동을 하며 즐거워하였다.

걸왕의 옆에는 매희라는 절세의 미녀가 있었다. 유시국이라는 나라는 걸왕의 침략을 받자, 항복하는 조건으로 매희라는 절세의 미녀를 바쳤던 것이다. 걸왕은 매희에게 완전히 혼을 빼앗겼다. 정치는 뒷전이고 그녀의 말이라면 무엇이든 먼저 들어주었다. 매희가 걸왕에게 요구한 것이 '주지육림'의 방탕한 생활이었다. 결국엔 이런 방탕이 걸왕을 죽음으로 몰아갔고 '하' 나라는 망하였다.

술과 고기 속에 빠져 이성을 잃고 향락적이고 사치스런 생활을 할 때에 쓰는 말이 주지육림이다. 개인이 이런 생활을 하면 가정이 파괴되었고 나라의 지도자가 이런 생활을 하면 국가가 멸망의 길을 걸었다.

요즘은 친구나 가족끼리 술을 마실 때면 삼겹살을 굽거나 다른 고기를 안주로 하여 먹는 일은 흔한 일이다. 그렇지만 이런 일을 주지육림이라 하지는 않는다. 호화스럽거나 방탕한 행동은 아니기 때문이다.

곤궁한 사람은 돈이 없어서 방탕한 생활을 하고 싶어도 하지 못한다. 지금도 권세가 있고 부유하면 돈을 물 쓰듯 하며 갑질하는 부류가 종종 언론매체에 보도되고 있는 걸 볼 수 있다.

우리의 옛 선조들은 부귀공명을 뜬 구름처럼 생각하며 안빈낙도安貧樂道를 구하였다. 안빈낙도安貧樂道는 가난한 생활 속에서도 편안한 마음으로 생활 속의 기쁨을 누리는 일이다.

조선시대에는 많은 시인과 선비들이 안빈낙도의 생활을 시조라는 형식으로 담아내었다.

홍진紅塵을 다 떨치고 죽장망혜竹杖芒鞋 짚고 신고
요금瑤琴을 빗기 안고 서호西湖로 드러가니
노화蘆花에 떼 많은 갈매기는 내벗인가 ᄒᆞ노라

(김성기金聖器, 병가甁歌)

홍진紅塵은 햇빛에 비쳐 보이는 티끌이다. 번거롭고 속된 세상을 가리킨다. 번거로운 세상을 뒤로 하고 대지팡이와 짚신을 신는다고 했다. 죽장망혜는 대지팡이와 짚신을 뜻하지만 길을 떠날 때 아주 간편한 옷차림새를 말한다. 간편한 옷차림으로 아름다운 거문고를 옆에 끼고 서호로 들어간다. 서호는 호수 이름으로 고산 임포 선생이 매화와 학을 기르며 살던 곳이다. 중국의 서호 안에 동산이 있는데 임포는 그곳에서 평생을 지냈다. 노화蘆花는 갈대꽃이다. 갈대가 흐드러진 숲위로 날아다니는 갈매기와 벗을 하며 한평생을 지내겠다고 한다.

달콤한 맛은 한 순간에는 매우 기분을 즐겁게 하지만 시간이 지날수록 즐거움을 잃는다. 달콤함 때문에 몸은 점점 망가지고 나중에는 정신마저 황폐해진다. 물맛이나 밥맛은 아주 달콤하지는 않지만 우리 몸을 건강하게 만들고 언제나 먹어도 질리지 않는다. 부귀영화가 한때 즐거움을 주지만 맛으로 치면 달콤한 맛이다. 달콤한 맛보다는 물맛과 밥맛을 즐기던 선조들의 생활에서 지혜로움을 배울 수 있지 않을까.

하늘이 무너져도…

– 시조, '누구나 살다 보면'

누구나 살다 보면

누구나 살다보면 어려운 때가 오지
그럴 때 옛사람은 뇌물을 쓰곤 했지
그래서 그런 가 몰라, 투기소호投其所好 이어졌네

누구나 살다보면 힘든 일 다가오지
이해하고 인내하며 극복해 나간다면
끝내는 희망의 불씨 지필 날이 오겠지.

은나라 주왕이 달기라는 미인과 주지육림에 빠졌을 때, 후일 주나라 문왕으로 추증된 '서백 창' 이 감옥에 갇혀 있었다.

은의 주왕은 어느 날 급보를 받는다. 제후 한사람이 들어와 알현을 청하였다.

"승후호, 무슨 일이냐? 어서 말하라."

주왕은 급했다. 빨리 일을 끝내고 달기와 놀고 싶었던 것이다. 승후호는 '서백 창' 이 민심을 얻는데 대해 불만을 품고 있었다. 자신의 야심을 펼치려면 '서백 창' 을 우선 제거해야 했다.

“‘서백 창’이 반란을 꾀하고 있습니다.”

“뭐, 뭣이라꼬? 당장 잡아 들여라.”

주왕은 노기를 띠며 소리 질렀다. 그러자 달기가 속삭였다.

“대왕, 그리 하시면 아니되옵니다.”

“왜, 안 된다는 것이냐?”

“자칫 군사를 이끌고 쳐들어올지도 모릅니다. 그러면 혼란스러워 집니다.”

“그러면 무슨 방책이 있느냐?”

“태후의 생신이 며칠 남지 않았으니 제후들에게 모두 인사를 드리러 오라고 하세요. 그때 체포하면 됩니다요.”

“그래, 그래. 옳거니.”

이렇게 하여 주왕은 제후들이 궁궐로 들어왔을 때 ‘서백 창’만을 체포하여 유리羑里에 가두었던 것이다.

‘서백 창’은 감옥에 갇혀 있으면서 우주의 이치에 대한 탐구에 집중하였다. ‘어찌하여 하늘은 선한 일을 하는 자에게 형벌을 주시는가?’ 그 문제를 해결하기 위해 공부를 하였다. 그가 발견해 낸 것이 복희 8괘 이후 문왕8괘이었다.

‘서백 창’은 어느 날 감옥에서 하늘의 별을 바라보다가 분하고 수치스런 일이 다가옴을 알았다. 그리고 그 일은 현실로 나타났다.

어느 날 주왕은 ‘서백 창’의 아들 백읍고를 죽여 그 시체로 죽을 끓이게 하였다. “이 죽을 ‘서백 창’에게 갖다 주어라.” ‘서백 창’은 속으로 피눈물을 삼키며 그것을 먹었다. 부하들은 서둘러 ‘서백 창’을 구해야 했다. 묘책이 없어 널리 인재를 암암리에 알아보았다. 부하들은 위수 부근에 한 노인이 사는데 매우 기이하다는 것을 알았다.

“그 사람이 누구요?”

서백의 아들 ‘무’가 물었다.

“그 사람은 강자아라는 인물입니다. 매일 위수에서 미끼없는 낚시를 하며 시간을 보낸다고 합니다."
"그 사람에 대해 좀 더 자세히 알아보시오."

신하들이 말했다.
"강자아는 동해 바닷가의 동이족 출신입니다. 선조가 하나라의 우임금을 도와 치수에 큰 공을 세워 여몸땅에 책봉되었습니다. 그를 일러 여상이라 하기도 합니다. 그후 강씨 성을 받아 강상 또는 강자아라고도 합니다. 현재는 집안이 몰락하여 천민이나 다름없습니다. 호구지책으로 마씨 집안의 데릴사위로 들어갔지만 얼마 지나지 않아 내쳐졌습니다."
"무슨 일로 또 내쳐졌다고 하는가?"
"마씨 집안도 그리 넉넉하지는 않은 모양이었습니다. 그런데 하는 일은 빈둥거리고 들어앉아 궁리만 한다고 했습니다. 그러니 밥만 축내는 인간이라 멸시를 받았습니다. 마씨 부인이 어느 날 마당에 피를 널어 놓고 이웃집에 일하러 갔습니다. 그런데 돌아와 보니 피가 몽땅 비에 쓸려 떠내려갔다지 뭡니까. 이에 화가 난 부인은 강자아와 헤어졌다고 합니다."
"음, 그랬구만."
"그 후 강자아는 말 그대로 파란의 시간을 보냈다고 합니다. 조가朝歌의 한 변두리에서 밥장사, 술장사를 하다가 심지어 점쟁이로 소문이 나기도 했답니다."
"부랑자 같은 그런 사람이 무슨 도움이 되겠는가?"
"그는 떠돌아다니면서 세상일에 달통했다는 소문이옵니다. 그의 문 앞은 어렵고 힘든 사람들로 붐비고 있답니다. 몰래 그를 불러 계책을 들어보는 것이 나쁘지는 않을 것입니다."

드디어 은밀히 '무'가 강자아를 만났다. 첫눈에 범상한 인물은 아니란 것을 알았다. 그의 눈은 평온하였지만 오래 마주하기가 어려웠다. 눈에서 안광이 뿜어져 나왔기 때문이었다. '무'는 예를 갖추어 물었다. 지금 저의 부친을 구할 방책이 있으면 알려주시오. 강자아는 단 네 마디로 대답했다.

"투기소호投其所好요."

"무슨 뜻이오?"

"좋아하는 것을 뇌물로 주는 것입니다."

강자아가 돌아간 후 다시 의논을 하였다. 강자아라는 인물은 사람들이 낚시를 즐기는 사람으로 일컬을 때 지칭하는 '강태공'이라는 인물이다. 모두 강자아의 의견을 따르기로 한 것이다.

"주왕은 미인과 말을 좋아하니 그것을 구해 바칩시다."

'서백 창'의 부하들은 서북쪽의 건융족에게서 좋은 말과 미인을 천금을 주고 사들였다. 이를 주왕에게 헌납하였다. 주紂왕은 선물을 받고 감옥인 유리羑里에서 '서백 창昌'을 풀어 주었다. '서백 창'은 감옥에서 풀려나며 감사의 뜻으로 자신의 기름진 땅인 낙서洛西를 주왕에게 바치겠다고 하였다. 무시무시한 포락지형을 면하면서 한발 더 나아가 포락지형을 폐지할 것을 건의 하였다. 주왕은 뇌물에 만족하여 이를 허락하였다.

사람들의 일생 중에 몇 번 씩은 커다란 어려움에 처하는 경우가 있기도 하다. 그럴 때에 절망을 이기지 못하고 목숨까지 버리는 사람들이 많이 있다. 그런 모습을 보면 안타깝다.

절망에 처하게 되면 자포자기부터 한다. 그러나 이런 일을 누구나 겪는 일이라 여기면 마음이 편해질 수 있다. 절망을 극복하는 방법은 주나라 문왕처럼 처한 상황에 맞는 대응 방법을 마련하면 될 것이다. 안 된다는 생각보다 이겨낼 수 있다는 희망을 버리지 않는 것이다. 우리 속담에 이런 말이 있지 않은가. '하늘이 무너져도 솟아날 구멍이 있다'.

천하를 바꾼 웃음

– 시조, '천하를 바꾼 웃음'

한고조 유방은 동네의 건달이었지만 천하를 제패했다. 장량, 소하, 한신이 있었기 때문이다. 소하는 지방 관청의 말단 관리에 불과하고 한신은 빈둥거리던 한량에 불과했지만 장량은 귀족 출신의 번듯한 가문이었다.

한나라를 세울때, 한신은 권력욕의 의심을 샀기에 죽음을 당했지만 장량과 소하는 청렴과 무욕의 미소가 있었기에 살아남을 수 있었다.

소하는 자신을 낮추고 항상 조용한 미소와 처세로 한결같았다. 평생을 한결 같은 마음으로 유방을 모셨고 늘 무욕의 청정한 삶을 실천하였다.

한나라가 창업을 한 후에 피의 숙청은 무자비할 정도였다. 많은 공로자들이 반역의 이름아래 죽어갔다. 설사 살아남았다 해도 몇 대를 이어가지 못한 채 멸문이 되고 말았다. 그러나 소하만은 예외였다. 유방이 왕일 때는 승상으로 지냈고 황제가 되자 상국으로 모셨다. 유방이 죽은 후에도 소하의 가문은 대대로 보호를 받았던 것이다. 소하의 사람됨이 어떠했는가를 보여주는 대목이다.

미소微笑는 이렇게 한 나라를 든든하게 지켜내는 버팀목이 되었는가 하면 반대로 망국의 길로 가는 지름길이기도 하였다.

이임보는 당나라 때 재상을 지냈다. 왕족이면서 모략에 뛰어난 인물이었다. 교활한 방법으로 19년 동안이나 재상이라는 권력의 중심에 앉아 있었다. 이임보의 입에는 꿀, 뱃속에는 칼이 들었다고 사람들이 말했다. 사람을 대할 때에는 아주 부드럽고 친절하게 하여 미혹하게 만들었다. 그 후에 자신의 마음에 들지 않으면 처단하였던 것이다. 겉으로 미소를 지었지만 음흉한 계교가 항상 도사리고 있던 인물이었다. 구밀복검口蜜腹劍이란 이를 두고 하는 말이었다. 이임보의 교활한 정치 농단으로 안녹산의 난이 일어나는 계기가 되었다고 한다. 많은 사람들의 원성을 샀기에 죽은 후에도 다시 또 한 번 죽는 부관참시剖棺斬屍를 당해야 했다.

역사는 미인의 웃음 앞에 속수무책인가? 황제가 한 여자의 미소를 얻으려고 애걸복걸하다가 한 나라를 송두리째 망하게 하였으니 그 미소 또한 흥망성쇠를 좌우하였으니…

주나라 말기에는 서주의 유왕이 포사라는 여인을 얻었다. 그 내역은 다음과 같았다. 서주의 유왕이 포국褒國(陝西省 褒城의 남동쪽)을 토벌하였다. 그때 포인褒人이 목숨을 살려달라고 하며 미녀를 바쳤는데 포사褒姒라는 여인이었다.

포사는 유왕의 총애를 받아 백복伯服이란 아들을 낳았다. 그런 그녀는 한 번도 웃는 일이 없어 유왕은 안달이 났다. 그래서 유왕은 그녀를 웃기려고 온갖 생각을 했는데 한 신하가 꾀를 생각하였다.

위급하지도 않은데 위급을 알리는 봉화를 올리라는 거였다. 그러면 포사가 웃을 것이라고 하였다. 그 말대로 외적의 침입도 없는데 위급을 알리는 봉화(봉수)를 올리니 제후들이 모여들었다. 제후들은 급히 달려왔으나 아무 일도 없었으므로 멍하니 서 있었다. 유왕은 아무 일 없으니 다시 돌아가라고 하였다. 제후들이 돌아가는 모습을 보자, 포사는 비로소 웃었다. 그 뒤 포사의 웃음을 보기 위해 봉화를 또 올렸다. 제후들이 와 보니 또 장난으로 올린 봉화였다.

뒤에 유왕은 왕비 신후申后와 태자 의구宜臼를 폐하고, 포사를 황후로, 백복을 태자로 삼았다.

궁에서 쫓겨난 왕비의 아버지 신후申侯는 격분하여 BC 771년 견융犬戎 등을 이끌고 쳐들어와 유왕을 공격하였다. 위급함을 알리는 봉화를 올렸으나 제후들은 이제 오지 않았다. 주왕은 백복과 함께 살해되고 주나라는 멸망하였다. 포사의 미소는 유왕의 천하와 바꾸었던 것이다.

천하를 바꾼 웃음

웃는 일 없었으나 포사는 천하절색
유왕은 안달하여 웃기려 하였지만
모든 일 허사로구나 탄식만이 나왔네

그때 불현 듯 묘수가 생각났네
봉화를 올리니 천하제후 몰려왔네
달빛에 빛나는 장검 사방천지 진동했지

먼 길에 달려오느라 고초가 심했구려
유왕은 제후들에게 돌아가라 말을 한다
전쟁에 대비하여서 한번 올려 본 봉화였대.

유왕의 거짓봉화 사실임을 알게 되자
헐레벌떡 달려왔다가 어이없어 돌아서네.
그때야 포사의 입에 물려있는 저 미소.

소하의 미소는 나라의 버팀목이었지만
포사와 이임보는 망국의 미소였네
웃음은 하나인데도 어찌 이리 다른가

웃음은 사람을 행복하게 하고 국가를 이롭게 하지만 때로는 선보다는 악이 되기도 한다.

한나라 대부 소하의 겸손한 미소는 사회를 복되게 하고 자신을 이롭게 하였다. 그러나 이임보나 포사의 미소는 나라를 망국으로 치닫게 하였다. 똑 같은 물을 먹어도 뱀은 독을 만들고 양은 우유를 만든다. 사람들과의 관계 속에 짓는 미소는 뱀이나 양처럼 사람의 마음쓰임에 따라 달라진다. 선한 마음에서 우러나오는 웃음은 자신의 삶은 물론이고 가정과 사회를 위해 행복을 가져다주는 명약이 된다. 하지만 악한 마음의 웃음은 모두를 불행에 빠지게 한다는 것을 어찌 명심하지 않을 수 있으랴.

와신상담
臥薪嘗膽

– 시조, ‘부차와 구천’

춘추시대 말기에 오나라와 월나라는 전쟁을 자주 하였다. 오나라 왕 합려는 월나라와의 싸움에서 부상을 당하고 그 부상으로 죽는다. 이때 합려는 아들 부차에게 복수를 하라고 유언을 남겼다. 부차는 가시로 된 섶나무에서 자며 복수를 외친다. 그리고 월나라 왕 구천을 사로잡는데 성공한다. 하지만 구천은 미인계를 써서 월나라로 돌아온다. 월나라에서 그는 쓸개를 혀로 핥으며 또한 복수를 다짐했다. 이렇게 두 나라 왕은 원수가 되어 한사람은 섶나무에서 자며 복수를 다짐했고 다른 사람은 쓸개를 핥으며 복수를 답했다. 이를 가리켜 ‘와신상담臥薪嘗膽’ 이란 말이 생겼다.

부차와 구천

아버지 유언으로 복수의 칼 갈았지
부차는 섶에 누워 극한 고통 이겨내더니
드디어 사로잡았네, 월나라의 왕 구천

죽음의 끝에서 살아온 월 왕 구천
험한 음식 입에 대고 쓸개만을 맛 보았네
'회계산 굴욕 잊었나', 자신에게 외쳤지

제왕이 세운 칼날 전쟁의 아, 참화여
복수의 와신상담 결과물은 무엇이었나
피눈물 통한의 상처, 백성들의 몫이었네

초장왕 17년 필邲이라는 곳에서 진나라와 초나라의 싸움이 벌어졌다. B.C. 597년이었다. 진晉나라는 초나라에게 대패하였다.

진나라는 이때부터 점점 국력이 쇠약해지고 초나라는 강국이 되었다. 두 나라는 그 후로도 가끔 싸움을 벌였는데 송나라가 중재를 하여 싸움이 멎어졌다. 그러는 사이 장강 부근의 남쪽에서는 오나라와 월나라가 싸우기 시작했다. 오나라는 원래 주왕실의 속국이었고 월나라는 하나라의 시조 하우씨의 후손이었다.

오나라 왕 합려 때에는 명신 오자서가 있었다. 오자서는 명장 손무를 끌어들였다. 오나라 왕 합려는 명신 오자서와 명장 손무를 대동하고 구거柏擧라는 곳에서 초나라와 싸웠다. 손무의 전략에 힘입어 크게 이겼다. 그런데 오나라 군대가 초나라의 도성 정도를 공격하는 사이에 월나라군대가 오나라로 쳐들어왔다. 이 때문에 합려는 아쉬움을 뒤로 한 채 즉시 군사를 돌이켜 월나라에 맞섰다. 그 후부터 오나라와 월나라의 싸움이 잦아졌다.

월나라 왕 윤상允常은 기원전 496년에 병으로 죽는다. 주周나라 경왕 2년이었다. 윤상의 아들 구천勾踐이 왕이 되었다. "때는 이때다." 합려는 월나라가 왕의 장례를 치르는 혼란한 사이를 이용하기로 하였다.

합려는 군사를 이끌고 월나라를 공격하였다. 지난 번 원한을 갚기 위해서였다. 두 나라는 휴리携李라는 곳에서 싸웠는데 이번에는 예상 외로 오나라 군이 대패하였다. 월나라 군인들의 저항이 매우 강하였던 것이다.

합려는 오른쪽 다리 아래에 화살을 맞아 크게 다쳤다. 군대를 회군하여 오나라로 돌아왔다. 합려의 부상은 점점 악화되더니 그 화살 독으로 목숨을 잃었다. 그 때 합려는 아들 부차에게 원수를 절대로 잊지 말라고 유언을 하였다.

오나라 왕이 된 부차는 월나라를 쳐서 아버지의 원수를 갚겠다고 맹세하였다. 아침저녁으로 땔나무의 섶 위에 누워 자신의 몸을 괴롭혔다. 고통이 심할 때마다 신하들에게 큰소리로 다음과 같이 외치게 하였다.

"부차여, 월왕 구천이 아버지를 죽인 사실을 결코 잊을 수 있는가!"

부차는 이 말을 들으며 복수의 칼을 더욱 날카롭게 갈았다. (부차가 섶나무 위에서 지낸 일을 '와신臥薪' 이라 한다.)

이후 부차의 결의는 열매를 맺어 월나라 왕인 구천을 사로잡는데 성공하였다. 구천과 그의 부인 아어와 월의 신하들은 부차왕의 노예로 지낸다.

'어떻게 해서라도 살아남아야 한다.' 구천은 입술을 깨물고 다짐하였다.

그러던 어느 날 부차가 배탈이 심하게 났다. 구천은 옆에서 지극정성으로 부차의 시중을 들었다. 부차의 대변을 먹어보기도 하며 병 증세를 알아내었다. 이런 행동으로 구천은 점점 부차의 마음을 얻었다.

궁궐에서 조회가 있는 날, 오나라 대부인 백비가 오왕 부차에게 건의하였다. 그가 건의한 것은 구천의 충심에 대한 이야기로 구천을 월나라로 보내야 한다는 것이었다. 그때마다 오자서는 구천을 단칼에 없애야 한다고 강력히 간하였다. 부차는 서시를 품에 안고부터는 오자서가 눈에 가시였다.

구천이 부차의 노예생활을 한지도 어느 덧 3년이 될 무렵이다. 부차는 구천을 월나라로 돌아가라는 명을 내렸다.

"구천은 진심으로 속죄하였소. 이제 구천을 월나라로 돌려보내려 하오. 다들 그렇게 아시오."

오자서는 절대 안 되는 일이라고 말렸다. 허나 소용없었다. 백비도 구천을 풀어주어야 한다고 설득했던 것이다. 또 월나라가 보낸 미녀, 서시의 품안에서 놀아나는 부차는 서시의 말만을 들었던 것이다.

드디어 월나라로 돌아온 구천. 이때부터 고기를 입에 대지 않고 무명옷을 입고 험한 음식을 먹었다.

구천은 쓸개를 자신의 방문 앞에 걸어두었다. 오고 가며 그것을 맛보며 자신을 향해 외쳤다.

"나는 회계산에 포위되었을 때의 굴욕을 잊었는냐?"

오나라에 대한 복수심을 키웠다. 월나라 인구부양정책을 쓰고 국가 재정을 튼튼하게 하기 위해 양잠을 장려하였다. 백성들에게는 오나라에 대한 적개심을 일으키는 정신교육을 하였다. 이렇게 하여 20년의 세월이 흐른 어느 날, 드디어 군사를 일으켜 오나라를 정벌하였던 것이다. 이 일로 그 유명한 와신상담이라는 말이 생겨났던 것이다.

'와신상담 이야기' 는 단순히 나라 사이의 전쟁으로 생긴 복수극으로만 보기엔 왠지 허전하다. 아버지의 유언을 지키기 위해 섶나무에서 잠을 자면서 복수의 칼을 간 부차의 행동은 당연한 것 같아도 실천하기는 극히 어려운 일이다. 전쟁에서 항복한 구천은 죽음의 문턱에서 살아남기 위해 온갖 수모를 참아낸 것도 보통 일이 아니다. 쓸개를 핥으면서 고통스러웠던 때를 기억하며 자신을 채찍질하는 정신은 오늘을 사는 우리들에게도 매우 중요한 정신이 아닐까. 자신을 사랑할수록 자신에게 혹독하기는 어렵다. 두 사람은 이런 점에서 우리들의 스승이라 할 만하다.

계명구도
鷄鳴狗盜

– 시조, '맹상군'

전국시대, 제나라 선왕宣王은 이복동생이 있었다. 전영田嬰은 이복동생으로 설薛(지금의 산동성 등주)지역에 영지를 가지고 있었다. 전영은 자식이 40명이나 되었다. 그 중에 전문이란 아들이 있었는데 이 아들이 맹상군이다.

맹상군

사람의 재주는 귀천이 없는 거야
때로는 도둑질도 목숨을 구해내고
닭 울음 잘 흉내 내니 함곡관도 통과했네

세상에 버릴 것은 또 무엇 이었던가
하찮은 물건도 목숨을 지켜주고
귀물도 때를 놓치면 무용지물 아니던가

전국시대 맹상군은 식객이 3천여명
그 많은 사람들을 덕으로 보살피니
죄짓고 도망친 자도 모두 모여 들었네

우뚝 선 큰 나무가 폭풍 앞에 쓰러질 때
오히려 작은 풀잎 의연하게 버티었지
어려움 만났을 때야 진면목을 알 수 있지.

아버지 전영은 처음에 전문을 죽이려고 하였다. 어머니는 정실이 아닌 첩이었는데, 전문은 5월 5일에 태어났다. 양기가 극성하여 나중에 부모를 해칠 것이라는 말을 들었다. 그러나 어찌 어미가 자식을 죽이겠는가. 어머니는 몰래 아이를 키웠다.

어느 날 청년이 된 아이는 어머니와 함께 아버지를 찾아갔다.

"누구이냐?"

"저는 아버지의 자식 전문입니다."

"어째 아이를 그냥 두었는가?"

전문의 어머니를 질책하였다. 이에 전문이 아버지에게 대들었다.

"왜 저를 죽이려고 하셨습니까?"

"문의 높이 만큼 자라면 부모를 죽일 것이라 했다."

"그럼 그 문을 높이면 될 것이 아니겠습니까?"

아들의 대답을 듣고 전영은 느낀 바가 있어 아이를 거두었다. 그러나 그리 환영받는 입장은 아니었다.

어느 날 전문은 아버지를 뵐 기회가 있어 질문을 하였다.

"소자, 여쭈어 볼게 있습니다."

"무어냐?"

"아버지의 자식을 무어라 합니까?"

전영은 아들이 한심스럽다는 듯이 대답했다.

"아들이라 하지. 그것도 여태 몰랐느냐?"

"그럼 아들의 아들은 무엇이라 합니까?"

"손자라 하지."

"손자의 손자는 무엇이라 합니까?"

"현손이라 하지."

"그럼 현손의 손자는 무엇이라 합니까?"

"모르겠다. "

이에 전문이 말을 했다. 제나라의 영토는 전혀 늘지 않는데 우리 집안은 억만금의 재산을 모았습니다. 하지만 아버님의 곁에는 한 명의 현명한 사람도 없습니다. 촌수가 어떻게 되는지도 모르는 사람들에게 그 많은 재산을 남긴다는 게 좋은 일인지 생각해 보아야 할 겁니다.

"그럼 무슨 방도가 있느냐?"

"옛날부터 장군의 가문에는 장군이 나오고 재상의 가문에는 재상이 나온다고 하였습니다. 우리 집의 첩들은 비단옷을 입고 기름진 고기로 배를 불리지만 시중의 지혜로운 사람들은 술지게미와 쌀겨조차 얻어먹지 못하는 실정입니다. 재주 있는 사람을 식객으로 모셔서 이들을 후하게 대접해야 합니다. 그래야 가문을 번성할 수 있습니다."

이 말을 들은 전영은 그렇게 하라고 하며 아들 전문에게 임무를 맡겼다. 식객들 사이에서는 인기가 매우 높아졌고 제후들의 귀에까지 알려졌다.

전영이 죽은 후엔 전문이 뒤를 이어 '설' 지방의 영주가 되었다. 이 사람이 맹상군이다.

주위에서 현명하다고 여기는 식객들은 모두 맹상군인 전문의 집에 몰려들었다. 그의 식객이 무려 3천명에 이르렀다. 그 중에는 현명한 사람들도 있었지만 거리에서 재주나 기술을 쓰는 부랑자 같은 사람도 있었다. 그러나 이들 모두에게 잘 대해 주었다. 심지어 죄를 짓고 도망친 자들까지 모여들었다.

기원전 299년, 명성이 높아지자, 진秦의 소양왕이 재상으로 모시려고 하였다. 전문은 진나라로 갔다. 그러나 어떤 신하가 반대하였다. "그는 진의 재상이 되어도 제나라 사람이기에 제나라의 이익을 위할 것입니다." 그 말이 그럴듯하여 쓰지 않았다. 돌려보낸다 해도 위협이 될 것이라 말하기도 하였다. 전문은 재상이 되기는커녕 기거하는 집은 군사들이 감시하였다. 언제 죽을지 모르는 목숨이었다. 전문은 몰래 식객들과 의논하였다.

"이제 어찌하면 좋단 말인가? 가만히 앉아서 죽음을 기다려야 한단 말인가?"

그러자 식객 중의 한 사람이 말했다.

"소양왕의 총애를 받는 후궁에게 말해봅시다. 그러면 혹시 방책이 있을 지도 모르오."

후궁에게 연줄을 넣어 이야기했더니 보물 호백구狐白裘를 준다면 말해보겠다고 했다. 그러나 이미 진나라로 들어올 때 소양왕에게 호백구를 바친 뒤였다. 호백구는 여우의 겨드랑이에 있는 털을 뽑아 만든 가죽옷이다. 한 벌을 만들려면 여우 1만 마리가 필요하다. 그런데 식객 중에 개처럼 신출한 도둑이 있었다. 그는 소양왕의 창고에 잠입하여 호백구를 훔쳐왔다. 호백구를 후궁에게 바친 후에야 무사들도 사라지고 안전할 수 있었다. 위험을 감지한 전문은 서둘러 돌아가기로 하였다.

한밤중에 함곡관函谷關까지 왔다. 그러나 밤이어서 문이 닫혀있다. '큰일이구나!' 하고 걱정하던 차에 식객 중 한 명이 닭 우는 소리를 냈다. 그러자 주위에 있던 닭들이 모두 울었다. 닭울음소리를 들은 문지기는 함곡관을 열어 탈출할 수 있었다.

전문은 학자들 뿐만 아니라 각층의 재주를 가진 사람을 거두었기에 목숨을 보존할 수 있었다.

전문이 말했다.

"세상에 무엇을 버릴 것이 있단 말인가!"

계명구도鷄鳴狗盜는 닭울음소리를 내는 사람과 개처럼 신출한 도둑을 가리키는 말이다. 하찮은 재주를 가진 사람을 말할 때 '계명구도'라고 한다. 그 하찮은 재주가 사람의 목숨뿐만 아니라 세상을 바꾸기도 하는 것이다.

시대와 상황, 조건에 따라 무식한 칼잡이가 장군이 되고 별 볼일 없어 보이는 재주꾼이 높은 벼슬에 오른 경우를 볼 수 있다. 거친 폭풍이 불 때에는 우뚝하던 나무가 부러지는 것을 보고 오히려 작은 풀잎들의 강인함을 알게 되는 것이다.

이 세상에는 어느 것 하나라도 소중하지 않은 것이 없다. 그것이 발휘되지 못하는 것은 시기와 상황이 나쁘기 때문일 것이다. 각자 자신의 소질을 계발하는 것은 언제나 필요한 일이다. 다만 그 쓰임의 때에 있어서는 하늘에 맡겨야 될 것 같다.

춘래불사춘
春來不似春

– 시조, '왕소군'

중국 최고 미녀 중의 한 사람이 왕소군이다. 화공의 물욕에 의해 가려진 미인이었다. 그 미녀가 왕소군이란 여인이다. 왕소군은 한서漢書「원제기元帝紀」와「흉노전匈奴傳」, 후한서後漢書「남흉노전南匈奴傳」에 보면 전한前漢의 원제元帝 때 궁녀로 절세의 미녀였다고 전해진다.

한나라 원제 건소建昭 원년(BC38)에 조서를 내렸다. 전국에서 후궁을 모집한다는 내용이었다. 이때 수천 명의 궁녀가 입궁하였는데 18세인 왕장(왕소군)도 그때의 한 명이었다.

황제는 수천 명의 궁녀를 일일이 만나 볼 수 없었기에 화공에게 궁녀들의 초상화를 그려 올리라고 하였다. 그러자 궁녀들은 모연수라는 화공에게 뇌물을 써 가면서 자신의 모습을 예쁘게 그려달라고 하였다. 그러나 왕장은 집안이 빈천하고 궁중에 아는 사람도 없었다. 그러니 화공은 못 생긴 얼굴의 모습으로 그려 황제에게 올렸던 것이다. 이러다 보니 왕장은 5년의 시간이 흘러도 황제의 얼굴 한

번 볼 수 없었다.

원제 경녕竟寧 원년(BC33)이었다. 장안에는 남흉노의 호한야呼韓邪 선우가 원제를 알현하기 위해 들어왔다. 그때 흉노의 힘이 강하기 때문에 싸우기 보다는 화친을 하려고 하였던 것이다. 장안에 오기 전에 호한야는 황제의 사위가 되고 싶다고 하였다. 황제는 친선을 위해 정략적으로 허락하였다. 그러나 자신의 딸을 오랑캐에게 시집보내기는 싫었다. 그래서 생각한 것이 딸을 가장한 궁녀를 보내기로 한 것이었다. 남흉노에서는 말과 모피 등의 공물을 선물로 가지고 왔다.

황제는 화공 모연수를 불렀다. 궁녀 중에 못 생긴 궁녀의 그림을 가져와 보라고 했다. 모연수가 가져온 그림의 궁녀는 정말 못생겼다. 황제는 그중의 한 사람을 뽑았다. 그 그림의 주인공이 왕소군이었다.

원제는 성대한 연회를 베풀어주었다. 이 자리에서 호한야는 공주를 보고 싶다고 하였다. 원제는 쾌히 승낙하였다.

"공주를 들게 하라."

이윽고 공주를 가장한 궁녀가 들어왔다. 그 모습을 본 호한야는 입이 쭉 찢어졌다. 절세의 미녀였던 것이다. 황제도 너무 놀라 자신의 눈을 의심했다. 그렇게 예쁠 수가 없었던 것이다. '이게 어찌된 일인가?'

모연수를 불러 물었다. "어찌 그림의 인물과 다른가?" 이 일로 모연수는 황제를 기만한 죄로 참수되었다.

원제는 호한야에게 말했다. "아직 혼수가 준비되지 않았으니 3일만 기다려주시오." 호한야는 쾌히 승낙했다. 절세의 미인을 데리고 갈 생각을 하니 3일이 아니라 열흘을 기다려 달라고 해도 승낙했을 것이다.

원제는 미앙궁未央宮에 은밀히 왕장을 불러들였다. 그리고 사흘 밤낮을 함께 지냈다. 호한야와 약속한 3일 후, 원제는 그녀에게

'소군' 이란 첩지를 내렸다. 그리고 흉노복으로 단장을 하게하고 작별을 고하였다.

이후 당나라에 오면서 동방규란 시인이 오랑캐 땅으로 시집가는 왕소군을 위한 노래 '소군원昭君怨' 이라는 시를 지었는데 이 시 가운데 '춘래불사춘' 이란 구절이 나온다.

胡地無花草 (호지무화초) 오랑캐 땅에는 화초가 없어
春來不似春 (춘래불사춘) 봄이 와도 봄이 온 것 같지 않네

왕소군이 장안을 떠나 얼마 쯤 지나가니 불현 듯 서러움이 북받쳐 오른다. 왕소군은 설움을 비파에 담아 이별 곡을 연주하였다. 그때 날아가던 기러기들이 비파소리에 놀라고 아름다운 모습에 취해 날갯짓 하는 것도 잊고 그만 떨어졌다고 한다. 이를 일러 '낙안落雁' 이란 말도 생겼다.

왕소군은 흉노땅에 가서 실로 옷감을 짜는 방법을 가르쳤다고 한다. 그리고 한나라와의 우호적인 관계를 위해 노력하였기에 그 후 80여 년 동안 평화적인 시기였다고 한다. 한 여인의 아름다움이 나라의 안녕을 지키는 초석이 되었음을 알 수 있지 않은가. 이렇기에 '아름다움' 은 권력이란 말까지 생겨난 것인가 보다.

중국의 역사에 등장하는 미녀들은 대개 나라를 망치게 하는 역할을 하였다. 그러나 왕소군은 흉노 땅에 시집을 가서 왕후로 살면서 나라와 나라 사이에 전쟁을 멈추게 하고 평화를 유지하는 역할을 한 미인이었다.

왕소군

천하에 미인이 얼마나 많았었나?
화공의 물욕으로 가려진 미모였어도
일부러 안달하면서 드러내려 안 했지

황제의 딸이라 속여 호한야에 시집갈 때야
황제는 소군의 미모를 처음 보고 놀랐었지
'천하에 저런 미녀를 어찌하여 몰랐던가!'

뇌물 쓴 궁녀만을 예쁘게 그린 화공
그 사실 드러난 화공은 참형을 당했어도
소군은 이역만리異域萬里 길의 말안장에 올랐네

고개를 돌려보니, 다시는 못 오는 길
점점이 멀어지니 마음은 아득해라
등진 채 떠나는 길이 구비마다 눈물일레

호한야 황후가 된 왕소군이 있었기에
한나라는 흉노의 침략 막아낼 수 있었다네
왕소군, 여인의 몸이 큰 나라를 지켜냈소.

욕망의 산

– 시조, '욕망의 덫'

아주 궁벽한 집 앞 마당에 늙은이가 엎어져 있다. 산이 깊고 절벽으로 둘러쌓여 좀처럼 사람의 그림자를 볼 수 없는 곳이다. 하소가 문을 열고 나오다가 깜짝 놀랐다. 머리는 길게 늘어졌고 온 몸이 피투성이가 된 늙은이가 엎어져 있었던 것이다.

'어찌 이 험한 곳까지 올 수 있었나?' 하소는 궁금함을 참으며 노인에게 물었다.

"정신이 좀 드시오?"

한 옆에는 둥그런 화로가 붉은 빛을 은은하게 사방으로 뿜어내고 있다. 화로 위에는 토기 그릇이 있고 그곳에서 말랑말랑한 김이 나와 어슴프레한 어둠속으로 빨려 들어간다. 약초냄새가 은은하다. 사슴가죽으로 깔린 바닥 위에 누운 노인은 말이 없었다.

한참 뒤에 노인이 가까스로 묻는다.

"나를 살린 사람이 그대인가?"

"벌써 노인께서는 한 달 보름동안 미미한 호흡만 있고 정신없이 누워있었소이다.”

하소가 노인을 일으켜 앉힌다. 따뜻한 죽을 내놓았다. 노인이 몇 모금 마셨는데 입속이 향긋하였다. 노인은 죽을 마시는 것도 힘에 부쳤다. 몇 모금 마시다가 그만 다시 누웠다.

‘몹쓸 인간, 이계가 52년 동안 헛된 꿈을 꾸었구나!’

노인은 허망한 눈을 멍하니 뜨고 자신에게 중얼거리고 있다. 이계는 자신의 이름이었다.

점점 정신이 돌아오니 걱정이 산처럼 높아갔다. 먹을정 장군은 어찌 되었나? 먹을정은 사지에서 자신의 옷과 바꿔 입고 헤어졌던 것이다. ‘나를 위해 죽음의 길로 달려가다니… .’ 어느새 노인 이계의 눈에는 눈물이 고였다가 흘러내렸다.

하소 덕분에 노인 이계는 살았다. 그가 처방한 의술은 가장 힘든 장명비초술이었다. 이미 신의 경지에 달한 아소의 의술은 죽어가는 사람을 살리기에 충분한 능력을 갖고 있었다. 다만 서로 칼을 들고 죽고 죽이는 인간들이 싫어 이곳 까지 숨어 들어와 살고 있는 것이었다.

노인 이계는 건강이 조금씩 회복되면서부터 지난 일들이 또렷이 다시 살아났다.

매희, 그녀는 절세의 미인이었다. 이계는 여우에게 홀린 듯이 정사는 돌보지 않았다. 유소씨의 마을을 점령하자, 항복하는 조건으로 여인을 선물로 받았다. 그 여인이 매희였다.

궁궐은 상아와 진귀한 보석을 박아 화려하게 지었다. 궁궐 이름을 ‘장야궁’ 이라 이름 지었다. 오랜 밤낮을 즐겁게 지내는 궁궐이라는 뜻이다. 이계는 옥으로 만든 침대에서 날마다 매희와 환락속에 빠졌다.

낮에는 3천명의 미희들에게 화려한 옷을 입히고 연주에 따라 춤추게 하였다. 궁궐 한쪽에 거대한 연못을 팠다. 연못 속에는 하얀 자갈을 깔고 향기나는 술로 채웠다. 미희들이 춤을 추다가 북을 치면 모두 달려가 못 속에서 술을 마시게 하였다. 연못가에는 고기를 산처럼 쌓아 놓았다. 미희들이 비틀거리며 못 속에서 나와 고기를 뜯어먹게 하였다. 그 모습을 보고 매희는 깔깔거리며 좋아했다. 이계도 덩달아 좋아서 함께 술에 취하고 연못의 술을 맘껏 마시고 취했다. 호화스런 배를 연못에 띄우고 매희와 함께 즐겼다. 주지육림의 잔치가 날마다 벌어졌다.

충신 관용봉은 이계에게 충간을 하였다. 그러나 매희의 말 한마디로 죽음을 당했다.

급기야 부하이던 탕이 반란을 일으켰다. 낙양의 외곽 벌판인 명조에서 피비린내 나는 싸움이 벌어졌다.

탕이 칼을 높이 쳐들고 외쳤다.

"나는 세상을 어지럽히려고 칼을 든 게 아니다. 세상을 어지럽힌 이계를 도륙내고 도탄塗炭에 빠진 백성을 구하기 위한 것이다. 자, 의협의 군사들은 모두 나와 함께 백성을 구하자!"

파죽지세로 몰려오는 탕의 군사들은 사기충천하였다. 이계의 군사들은 도망하기에 바빴다. 이 전투에서 이계는 대패하였다.

겨우 옷을 바꿔 입고 목숨을 연명하였다. 돌아보니 한바탕 꿈이었다.

우왕이 세웠던 담대한 하나라는 마지막 걸왕에 의해 이렇게 붕괴되었다.

이계는 지금 깊은 산속에 이름 없는 촌로가 되어 저물어가는 빛에 겨우 몸을 쬐이고 있었다. 하소는 거대한 욕망의 산 하나가 낡고 피폐하여 무너져 내리는 것을 물끄러미 보고 있었다.

하늘은 우리에게 묻는다. 삶이 무엇인가.

욕망의 덫

욕망은 사람에게 원초적 본능인가
한번을 맛들이면 빠져드는 환락의 숲
정의는 이름뿐이었지, 명분으로 내세웠지

욕망의 덫에 빠진 부자나 정치가들
후회할 즈음이면 이미 늦은 시간이네
알고도 실천 못하는 것은 너나 나나 병이지.

욕망은 인간의 원초적 본능이다. 욕망의 정도에 따라 이 세상을 아름답게 할 수도 있고 추악하고 병들게 할 수도 있다. 세상이 계속 이어지는 것도 인간의 욕망 덕분이기도하다. 성에 대한 욕망, 권력에 대한 욕망, 명예에 대한 욕망, 부에 대한 욕망 등 인간은 무수한 욕망속에서 하루하루를 살아간다.

욕망은 필요에 따라 절제하지 못하면 큰 환란의 덩어리가 되기도 한다. 많은 정치가나 부자들, 권력가, 지식인들이 패가망신 하는 것도 이 욕망을 절제하는 능력을 저버렸기 때문이다. 하나라의 마지막 걸왕, 이계 역시 애욕의 굴레에서 벗어나지 못하였기에 나라마저 몰락의 길을 걸어야 했다. 욕망의 무게가 적절하면 보물창고가 되지만 그렇지 못하면 애물단지가 되고 말다니….

낚싯줄 하나로 천하를 낚다

– 시조, '낚시 심사'

강태공, 그는 자신이 보통 사람과는 다르다고 여겼다. 그의 선조는 일찍이 순임금 시절 우禹가 황하의 치수를 책임질 때 우禹를 도와 치수에 성공하였다. 그 공으로 하나라를 세웠을 때 여呂땅에 봉封하여졌다. 그런 연유로 강태공을 여상呂尙이라 불렀던 것이다.

강태공은 어릴 때 몸이 약했다. 주위의 힘깨나 쓰는 사람들로부터 괴로움을 많이 받았다. 그래서 강태공은 스스로 이름을 자아子牙라 지었다. '자子' 는 존중하는 글자이다. 싸움이나 무기에 관심이 많고 스스로 자신에 대한 존중심을 잃지 않는다는 다짐으로 자아子牙라 하였던 것이다. 강자아, 강태공은 항상 꿈을 잃지 않고 살았다. 고통의 긴 세월 속에서 희망의 끈을 놓지 않았던 그였다. 그가 문왕을 만날 때는 위수 강에서 민낚시를 하던 80의 노인이었다. 그런 그가 문왕을 만나 주나라의 내실을 튼튼히 하는데 힘을 기울였던 것이다. 드디어 문왕의 아들 무왕 때에는 목야의 전투에서 은을 정벌하였던 것. 그리고 동해 바닷가 쪽의 땅 제나라의 시조가 되었다.

그랬다. 강태공은 기다림이란 시간의 낚싯줄로 천하를 낚았던 것이다.

낚시 심사心絲

강심에 드리워진 미끼 없는 민낚싯대
세월의 주름처럼 물살이 흔들리고
노객이 응시한 눈은 구원 같은 고요더니…

60여년 공부가 헛되지 않았음을,
다가올 시간들을 통째로 읽더니만
드디어 낚싯줄 하나에 새 천하를 낚았구나.

물살에 쓸려가던 갱피 같은 여인이라도
어찌하여 쏟아진 물 담으라 하였는가
권세 쥔 서생의 낯 색, 매정함은 여전했네.

강자아가 제나라 궁궐에서 집무를 볼 때였다.

"폐하, 한 여인이 찾아왔습니다."

"누구인가'?"

"전에 함께 기거했던 마부인입니다."

강자아는 여인을 들여보내라고 하였다. 잠시 후에 늙고 초췌한 여인이 들어왔다. 다름 아닌 마 부인이었다.

"어찌 여기에 온 것이오. 그 때는 뒤도 돌아보지 않고 나가지 않았소이까."

"상군上君, 면목이 없습니다. 그땐 첩의 눈이 어두웠습니다. 생활이 곤궁하여 어찌할 수 없었습니다. 지금도 곤궁하여 염치 불구하고 찾았습니다. 소첩을 받아주옵소서. "

"아니 될 말이오."

"그렇다면 궁실의 청소부라도 좋으니 허기나마 면하게 해 주세요."

"내 딴엔 그래도 당신만은 그때 나를 이해해 주리라 믿었소. 모든 사람이 달면 삼키고 쓰면 뱉는다더니 당신이란 사람이 그 짝이군."

강자아는 밖을 향해 또 말했다.

"게 누구 있느냐?"

"부르셨나이까, 폐하? 하명하시옵소서."

"얼른 가서 물 한 동이를 가져오너라."

신하가 물이 가득 담긴 물동이를 들고 들어왔다.

"부인이 다시 나와 지내고 싶으면 이 물동이의 물을 쏟아보시오."

마씨 부인은 강자아가 허물을 덮고 자신을 받아주는 줄 알았다. 신바람이 나서 힘껏 물동이를 거꾸로 하여 물을 바닥에 쏟았다.

"이번엔 물동이에 다시 물을 담아 보시오."

"상군, 저를 놀리시려고 그러시나요?"

"보시오. 한 번 엎질러진 물은 다시 담을 수 없지 않소! "

강자아는 다시 밖을 향해 외쳤다.

"여봐라, 손님이 가신다니 부축해 드려라."

그러자 마부인은 얼굴에 노기를 띠며 말했다.

"아니, 내 발로 걸어 나가겠소. 옛날이나 지금이나 매정한 건 하나도 변한 게 없구려. 당신이 제나라의 대단한 왕인 줄은 모르나 내 눈에는 한낱 아직도 무능하고 어리석은 지아비로밖에 안 보이오. 사람은 누구나 자신의 이익을 위해 살아가지요. 매일 먹는 한 숟갈의 밥도 자신에게 이익이 없다면 왜 입에 넣으려 하겠소. 소첩 역시 한때의 정이 생각나서 그것을 핑계로 나의 이익을 위해 찾아왔던 것 뿐. 그런 면에서 당신도 전혀 대단한 존재가 아니란 말이오."

마 부인은 총총 발걸음을 옮기며 문을 열고 나갔다.

"이제야, 후련하구나!"

마 부인의 기세등등한 목소리가 등뒤에서 들려왔다.

강자아는 신하 한 사람을 불렀다.

"은밀히 뒤따라가서 여생을 어렵게 살지 않도록 해 주어라."

아흔 노정객의 강자아는 눈을 지긋이 감았다. 옛날 마씨와 가난 속에서 살던 모습이 떠올랐다. 한 때, 가족은 아랑 곳 없이 자신의 뜻을 이루기 위해 백면서생으로 살던 자신의 얼굴을 더듬고 있었다.

강자아는 마씨 부인으로부터 이야기를 듣는 순간, 깨달았다. 자신도 정말 평범한 사람이라는 것을, 아니 어쩌면 마씨 부인에게는 더할 나위 없는 무능하고 어리석은 남자였다는 것을 알았다. '그래, 마씨부인처럼 성내고 잔소리하고 무서워하고 울고 웃고 기뻐할 줄 아는 사람들이 아름다운 사람이다.' 자신의 주위에 위선을 가장한 사람들을 보다가 마씨 부인을 대하고 한 줄기 시원한 바람소리를 들었던 것이다.

단호하고 냉정한 태도는 우유부단한 태도보다는 좋아 보인다. 특히 맡은 업무에서 결단력은 훌륭한 지도자로 인정받을 수도 있다. 강태공의 결단력과 책임감은 제나라를 강성부국으로 이루었는지도 모른다. 그러나 강직함과 결단력은 화합과 조정이라는 점에서 보면 불리할 수도 있다. 강한 것은 부드러움을 이기지 못한다. 자칫 반감을 사서 일을 그르칠 수도 있기 때문이다. 강직함과 결단력 그리고 부드러움을 아울러 갖추어서 환경에 맞춰 그때마다 잘 이용하는 운영의 지혜가 필요해 보인다.

강태공은 가정을 버리고 나간 아내에게 쏟아진 물을 다시 주워 담게 하지만 아내는 다시 주워 담지 못한다. 이렇게 하여 강태공이 매몰차게 마씨부인을 내친 숨은 의도가 있었나? 백성들에게 어려움이 있더라도 부부는 합심하여 가정을 지켜야 한다는 철학을 은연중에 심어주고자 한 것은 아니었을까.

설원의 빛

– 시조, '늦겨울 아침'
– 시조, '박꽃'

눈이 내리고 난 후, 해가 떠오르자 아내와 차를 몰고 길을 나섰다. 하얀 대관령의 설원이 펼쳐진 길로 내달리다 보면 마음속에도 가득히 빛이 들어참을 느꼈다. 말은 하지 않았지만 서로 얼굴을 보니 기쁨의 빛이 역력하였다.

잠시 차를 세워놓고 마을을 내려다보았다. 나무며 집이며 들이며 산이, 하얀 빛깔에 넋을 잃고 아찔할 정도로 고요 속에 빠져있다. 너무도 눈부셔서 눈을 감으면 빛은 마음속에도 들어와 마음의 때들을 조용히 녹여내고 있음을 보았다. 사람과 풍경이 하얀 빛으로 비워지고 그 빈 자리에는 내밀한 기쁨이 바닷물처럼 출렁거렸다. 슬픔과 기쁨, 분노와 즐거움이 모두 빛으로 화하여 하나가 되었다.

아내와 나는 차 문을 열고 나와 인증 샷을 찍었다. 사진 속에는 흰 빛들의 침묵이 고스란히 담겼다. 또 모처럼 환히 웃는 아내의 모습도 생생하게 찍혔다.

아내가 암 선고를 받은 후에 우리는 단풍 빛이 황홀한 가을의 한계령이거나, 눈이 온 후면 대관령을 향해 차를 몰고 나왔다. 부부가 같이 하는 시간을 자주 하기 위해서였다.

남편인 내가 문인의 길을 걷는데 함께 해온 아내의 동행. 이제 그 길의 끝판에 두 사람이 섰다. 한 사람은 말기 암 판정을 받고, 한 사람은 가난한 시인이라는 명찰을 달았다. 삶은 구절양장처럼 질곡과 애증이 많았어도 미련이나 후회는 없이 살아왔다.

그러고 보니 아내를 만난 것도 보통 인연은 아닌 같다. 우리는 햇빛 속에 눈부신 설원의 눈빛을 매개로하여 만났던 것이다.

1975년 태백의 늦겨울 아침에, 나는 '늦겨울 아침' 이라는 시조 한 수를 썼다. 전날은 눈이 담뿍 내리고, 다음날은 햇살이 활짝 비치는 아침이었다. 너무도 감격스러운 모습이, 나를 감동의 늪으로 빠져들게 하였다.

햇살이 눈을 밟고 달려오는 이 아침
지붕엔 토옥 토독 겨울이 헐리는데
볕 묻은 흙담 밑에서 봄은 자리 트는가.

아내는 당시 춘천에 살던 스물 한 살의 앳된 처녀였다. 나는 태백시에서 교편을 잡던 스물 세 살의 늠름하고 준수한 총각이었다. 이 시조가 좋아서 시조 작가까지 좋아하게 된 아내였다.

눈이 천지를 뒤덮은 마을에 햇살이 눈 온 마을과 내 마음까지 감싸고 있었다. 햇살이 지붕의 눈을 녹이는 낙숫물 소리는 환희로움마저 들었다. 아내 역시 이러한 시적 분위기에 매료되었던 것이다. 우리는 허름한 관사에서 결혼 생활을 하며 그곳에서 아들 대순이를 낳았다. 아들은 태백산의 기운을 받아서 그런지 아주 건장하고 튼튼한 체격이다. 지금 강릉에서 열심히 사업을 하며 살아가는 모습을 보면 마음이 든든하다.

아내를 만난 35년 후, 아내는 병을 얻어 강릉의 아산병원에서 자주 암 치료를 받았다. 병원에 있던 2009년 11월 6일 아침이었다. 이안 아파트에서 자고 있는 내 귀에 전화벨 소리가 요란하게 울렸다.

"아빠, 지금 창밖을 내다 봐."

그 소리에 창문의 커튼을 젖히고 내다보았다. 내 생전 처음 보는 주먹만한 눈송이가 창문 앞에 무수히 날리고 있었다. 마치 눈은 하늘에서 내려와 내 앞에 최고의 춤을 춰 보이는 듯하였다. 눈의 축제였다. 아니 눈이 보여주는 황홀한 흰빛의 음악이었다. 나는 그 후로 그렇게 아름다운 눈을 보지 못했다.

아내는 이듬해 6월, 한떨기 박꽃이 되어 하늘에 기대었다.

박꽃

살그머니 피던 자태 두어 송이 참 곱더니
그 옛날 초가지붕 꿈속처럼 아득하다
이제는 마음속에서 등잔불로 밝히는 꽃

겨울이 보여주는 설원雪原을 통해 손 맞잡은 아내의 손은 늘 듬직하고 미더웠다. 설원이 내게 선사한 순백의 빛! 어느새 아내와 나는 36년을 함께 하였다. 아름다운 감동과 사랑으로 그려지는 한줄기 빛이 되길 오래도록 소망해 본다.

송하노인

– 시, 심재칠 '송하노인'

방터골(얼음골)에 들어온지, 10년 째가 되었다. 가끔씩 시내에 내려가 먹을거리를 사가지고 왔다. 시내에서 무거운 짐을 버스에 옮겨 싣고 방터골(얼음골) 정류장에서 내린 후엔 등짐을 지고 집까지 올라온다. 밤늦게 올라오는 날이면 둥그런 달이 마중을 나온다. 달은 동산에 우뚝 떠올라 환히 비추며 반긴다. 마치 아내가 마중을 나온 듯 반갑고 기쁘다. 나는 가탈걸음을 해 가며 시나브로 걸음을 옮기며 나아가곤 했다.

이런 생활이 어느새 10여년이 되었다.

파릇한 잎이 돋는 봄이 오면 방터골(얼음골) 앞 개울물은 연한 연두색 물소리를 내었다. 그러다가 무더위가 찾아오면 시원한 물길은 뭇 나무와 식물을 키워내며 푸름을 자랑하는 곳, 방터골(얼음골)의 여름 모습이다.

단풍 드는 10월과 11월은 계곡이 온통 노랗고 붉은 빛으로 한 폭의 절경을 그려낸다. 가끔 새소리가 찾아와 무언의 씨앗 같은 노래를 흩날리면 고요히 앉아 녹차 한 모금에 마음을 씻어내곤 하였다.

겨울이면 한결 머리가 맑고 쇄락한 기분이 든다. 못다 쓴 원고들을 정리하고 또 새로운 작품을 구상하기도 한다.

이런 계절의 흐름 속에서 지내다 보면 반갑고 신나는 일도 생긴다. 정든 벗으로부터 연락도 오고 귀한 문인들이 누추한 산방을 찾아와 담소를 나누며 차 향기와 말의 향기에 젖기도 한다.

이런 분들 중에 시인 한 분이 계신다. 얼마 전 교장으로 정년퇴임을 한 심재칠 시인이다. 심시인은 체육인이면서 시인이고 사진 작가이기도하다. 며칠 전 강원시조시인협회 출판기념식장에 오셔서 행사 사진도 다수 찍어 카페에 올려주셨다. 협회의 소중한 일들을 사진으로 볼 수 있어서 얼마나 고마운 마음이 들었는지 몰랐다.

교직에 계실 때엔 차를 타고 지나다가 가끔 들려서 차를 마시며 한담을 나누기도 하였다. 심시인은 사진을 찍기 위해 가끔 이곳을 찾는 일이 있다. 얼마 전에도 이곳을 찾았나 보다. 가을 풍경 사진을 찍다가 우연히 풍경 속에 비치는 내 모습까지 담으셨다. 나는 뒤늦게 사진을 보고서야 알았다. '그렇게 오셨으면 들어와 차라도 한 잔 나눌 일이지.' 하며 서운해 한 적이 있었다.

방터골(얼음골) 풍경 사진을 찍던 사진 작가인 심시인께서 시 한 수를 남기셨다.

송하노인

심재칠

산 밑 오두막
시 샘이 마를 날 없이
솟는 송하노인

얼음골
청량한 바람 붓으로
느긋이 천지 자연경을
노래하며
겹겹 산중에
날마다 새겨놓은 경판들

봄이 간 들 어떠하고
겨울 간 들 어떠하랴
시신詩神에 묻혀
포리포리하게 엮어내는
말씀들

무소유 질끈 동여매고
뼈 울림을 새겨놓은
시경詩經 임을.

이 작품을 읽으면서 심재칠 시인의 마음 자체가 오히려 한 편의 시경임을 느낄 수 있는 작품이었다. 대자연은 천지의 조화로운 기운에 의해 생성되고 그 모든 것이 부처의 모습 아닌 것이 어디 있으랴. 석공은 돌 하나에다 참된 모습을 새겼다하지만 그것은 새긴 것이 아니라 본래부터 있던 모습이 석공의 손에 의해 꺼내어진 것이 아닐까.

세상사, 인생사가 다 그럴진대 응당 머무는 바 없이 마음을 내어 시어 하나 하나에 자유로움을 담는 그의 필법이 아름답고도 아름답다.

내 마음의 주련
柱聯

– 시조, 송대춘 '님이 가신 후에'
– 시조, '원진'
– 한시, 원진 '견회'
– 한시, 팽적 '망처공씨묘지명'
– 한시, 원진 '문백낙천좌강강주사마'
– 시, 내 마음의 주련'

사랑하는 사람과의 이별은 그 어떤 슬픔보다 마음을 아프게 한다. 주선 후기 기녀 송대춘의 시조에 나타나는 이별의 아픔 역시 심금을 울린다.

님이 가신 후에 소식이 돈절頓絶하니
창밖에 앵화櫻花가 몇 번이나 피였는고
밤마다 등하燈下에 홀로 안저 눈물계워 하노라
(송대춘, '병와가곡집')

평안남도 맹산에서 기녀로 지내던 송대춘松臺春의 시조이다. 정든 님이 떠나간 후 소식이 끊어졌다. 그 사이 창밖의 앵두나무 꽃이 몇 번이나 피었다가 졌는지 모른다. 밤마다 등잔불 아래에서 눈물을 흘리며 정든 님을 그리워한다는 내용이다.

인생은 초반부터 좌절과 질곡의 삶에 허덕이기도 한다. 잘 살아내기 위해 살아가지만 곳곳에 놀라움이 도사리고 번뇌와 비탄에 빠지던 일이 한 두 번이였던가.

사람은 살아내기 위해 살아가는 지도 모른다. 늘 고단함의 연속이 아니던가. 어린 날엔 청운의 꿈을 꾸었고 청소년, 소녀 시절엔 그 꿈을 이루기 위해 노력하기도 한다. 그런 과정에서 성공의 승리감을 맛보기도 하지만 그렇지 못한 삶도 태반이다.

“누가 나와 함께 웃어줄 사람 없나?” 살아오면서 이런 노래를 들어 본 적이 별로 없는 것 같다. 그도 그럴 것이, 즐거울 때 웃음이 나오는데 옆에 누가 없어도 즐거우면 마구 웃을 수 있기 때문이다. 그러나 “누가 나와 함께 울어줄 사람 없는가?” 이런 내용의 노래는 들어 본 적이 있는 듯하다. 외상적 스트레스나 마음에 고통이 생겼을 때 그것이 쌓이고 쌓이면, 울 때에 옆에 누군가가 있어주기를 바라거나 동질의 느낌을 바라는 마음이 절실하기 때문이다. 내 마음을 공감해줄 수 있는 친구가 필요한 것이리라.

소리 내어 웃는 웃음에는 감동이 별로 없던가? 그렇지, 있어도 약하다. 웃음은 재미있을 때 나오는 소리이기 때문이다.

슬프거나 억울할 때는 웃지 않는다. 아니 웃을 수가 없는 것이다. 만약 슬플 때나 억울할 때 웃는다면 미친 사람이거나 기막혀서 웃는 웃음이 아니면 도인일 것이다.

요즘 많이 웃어야 오래 산다고 하지만, 자주 웃으면 경박하고 헤프다는 소리를 듣는다. 웃음은 가볍고 낭랑한 반면 눈물은 진중하고 고요하며 진실하다. 웃음에는 즐거움이 스며있지만 눈물에는 아픔이 녹아 있다. 어린 아이들은 스트레스를 잘 푸는 방법을 안다. 자신이 억울하다고 생각하면 울어댄다. 실컷 울고 나면 속이 시원하다. 스트레스가 울음으로써 풀리는 것이다.

인생의 시련이나 아픔은 옛날이나 지금이나 한가지일 것이다. 그러나 문명이 덜 발달된 옛날에는 궁핍과 질병, 가난으로부터 더 아픔의 강도가 크지 않았나 하는 생각이 든다.

그래서, 한시나 시조에 등장하는 눈물의 의미를 다시금 되새겨보았다. 시인들은 일상적 아픔이나 내적 아픔을 눈물로 드러내 표현하기도 하였고 글속에 숨긴 채 표현하기도 하였다.

원진元稹은 중당시대의 시인인데, 그의 시에 '눈물'과 관련된 시가 있다.

견회遣懷(회포를 풀다)

원진元稹

我隨楚澤波中水 (아수초택파중수)
君作咸陽泉中泥 (군작함양천중니)
百事無心値寒食 (백사무심치한식)
身將稚女帳前啼 (신장치녀장전제)

'초택楚澤'이란 말은 동정호를 지칭한다. 위의 한시 내용을 읽고 '원진'을 제목으로 하여 쓴 시조이다.

원진元稹

동정호 물빛 보며 넋 놓고 사는 것도,
아내, 함양 땅 속 흙으로 누웠기 때문.
한식날 우는 딸 곁에 그도 눈물 더했네.

한시의 뜻을 풀이하면, 나는 동정호의 물이나 보며 살아가는데 당신은 함양의 땅속에 묻혀있구려. 만사에 뜻을 잃고 살아가는데 한식날, 어린 딸아이 울어대니 나도 이리 우오. 라는 내용이다.

'원진' 이란 말을 뒤집으니 '진원' 이란 내 이름이 되었다. 물론 '원진' 의 '원' 은 성씨이니 본질적으로 다르지만, 어쨌든 나도 그처럼 아내를 잃고 슬퍼했던 일이 떠올라서 동병상련同病相憐을 느꼈다.

나 역시 10년 전에 아내를 잃고 비통함에 빠져서 무기력한 시간을 보내기도 하였다. 36년 동안 밥, 빨래, 넥타이, 옷 입는 것 까지 모두 아내가 돌봐주었다. 아내를 잃고 나니 내 모든 행동은 어찌할 바를 잃었다. 당장 '밥은 어떻게 하고 반찬은 또 어찌해 먹나?' 그리고 어언 10년이 지났다. 밥하고 빨래하고 옷 다려 입는 일이 이젠 어느 정도 익숙해졌다. 그러나 아직도 주방에 들어서면 어색함이 여전하다.

청나라 때에는 팽적彭績이라는 시인이 있었다. 팽적은 아내가 죽은 후 '망처공씨묘지명' 이란 시를 적었다.

망처공씨묘지명亡妻龔氏墓誌銘

嫁十年三十以疾卒 諸姑兄弟哭之 感動隣人
가십년삼십이질졸 제고형제곡지 감동인인

于是彭績得知柴米價
우시팽적득지시미가

持門戶不能專精讀書 期年發數莖白矣
지문호불능전정독서 기년발수경백의

시집을 온지 10년이 되어 아내는 병으로 세상을 하직하였구나.

여러 아주머니들과 형제들이 슬퍼 곡을 하였고 이웃 사람들까지 슬픔을 함께 하였네. 세상 물정을 모르던 나, 팽적은 그 후에야 쌀값과 장작의 값도 알았다오. 아내가 죽은 후에는 집안을 돌보느라 독서에도 전념할 수 없었다오. 한 해가 지나고 나니 머리에는 흰 머리카락이 이리 났소.

얼마나 고생하며 살았는지를 알 수 있다. 그래서 맹자도 세상에서 가장 불쌍한 사람을 들 때에 홀아비와 과부를 꼽았던 모양이다.

다시, 당나라 시인 원진의 이야기를 좀 더 해야겠다. 원진에게는 사랑하는 아내도 아내이지만 절친한 친구인 백낙천이 있었다. 백낙천은 원진보다 7살이나 위였다. 그렇지만 두 사람은 매우 가까운 벗으로 지냈다. 원진은 어느 날 백낙천이 강주 사마로 좌천하였다는 소식을 접하고 놀란 마음을 시로 썼다. 그때 원진은 몸이 몹시 아파 누워있을 때였다. 원진은 다 죽어가는 아픈 몸을 일으켜 앉아 속울음을 삼키며 시를 지었던 것이다. 두 사람의 우정이 이처럼 깊었기에 후일 사람들은 두 사람을 가리켜 '원백元白'이라 불렀다.

문백낙천좌강강주사마聞白樂天左降江州司馬
–백낙천이 강주사마로 좌천된다는 소식에–

원진

殘燈無炎影幢幢 (잔등무염영당당)
희미한 등잔불 꺼져가는 밤

此夕聞君謫九江 (차석문군적구강)
구강으로 좌천되었다는 소식을 듣고

垂死病中警坐起 (수사병중경좌기)
죽음의 그림자가 드리워진 병중에서 일어나 앉았으니

暗風吹雨入寒窓 (암풍취우입한창)
찬바람이 비를 몰아 차가운 창을 때리는구나.

원진은 백낙천이 좌천되는 소식에 크게 놀라 등잔불 깜박이는 밤에 홀로 일어나 앉았다. 죽을병도 잠시 잊은 채 벌떡 일어나 앉아 '좌천' 이란 절망적인 소식에 잠을 이룰 수 없다. 밖에는 찬바람이 비를 몰아 차가운 창을 때리고 있었다.

'暗風吹雨入寒窓!'
창밖을 차갑게 때리는 바람과 빗방울 소리는 원진의 눈물을 더욱 쓸쓸하게 만들었을 것이다.

눈물은 아픔과 시련을 동반한다. 아내와의 이별로 오는 눈물, 친구의 아픔으로 인한 눈물, 남녀 간의 못다한 사랑 때문에 흐르는 눈물…
그러기에 눈물을 흘림으로써 인간은 영혼을 한 단계 성숙시키는 계기가 되는지도 모른다.

이제 내 나이 66살을 넘기면서 돌아보니 그 질곡과 고뇌와 눈물의 삶이 참으로 모래알 보다 작은 것들이었음을…. 그토록 버둥거리며 살아온 게 우습기조차하다. 한 편의 시로 마무리한다.

내 마음의 주련

돌아보니…
어느덧 66년의 삶

눈비 내리고 폭풍우 치던 날
몇 날이었던가

살가죽은 소금처럼 아픔에 절여지고
내 마음의 주련柱聯
낡은 고각高閣처럼 색바랜 세월이었구나
그대와 우리
인생의 살가운 부분들은 어디 숨었나

돌아보니
꼬집어도 감각 없는 긴 시간 속에 살았네

간 못 맞추고 짙어지기만 했던
내 삶의 영혼을 되짚어 보다가

허세의 검은 머리카락 대신
은발의 머리카락을 쓸어 넘기며 다시 바라보는
산과 하늘, 그리고 사람들

이제는 미움도 아픔도 비애도 절망도 사랑으로
변신하고, 생명은 신비의 바다였구나

모두가 아름다워라!

(시, '내 마음의 주련')

날이 저물었구나

– 시조, 인평대군 '세상 사람들이'
– 시조, 윤선도 ' 보리밥 풋나물을'
– 시조, '저녁노을'
– 시, '여름밤'
– 한시, 조주 '오도송'
– 한시, 료칸 '취우'

사람 얼굴에는 눈眼두 개가 앞에 달려있다. 그러니 모두들 열심히 앞을 보며 달려간다. 바깥을 볼 수 있는 눈이 있기에, 바깥을 보기만 하면 되는 줄 알고 자신의 내면을 들여다보려고 하지는 않는다.

도덕경의 수많은 글자들은 모두 자신의 내면을 들여다보라는 이야기들이다.

돈 많이 벌어 폼 나게 살고 싶은, 인간의 욕망을 꿈꾸는 사람들, 높은 자리를 꿰차고 앉아 권력을 맛보려는 사람들, 명예를 얻으려는 사람들. 이 모두는 눈이 두 개가 달려 있기에 맘껏 욕심내보고 싶은 것들이다.

그러나 욕심낸다고 이루어지던가.

그래서 사람에겐 겉으로는 보이지 않는 눈 두 개가 또 달려있는 것이다. 자신의 내면을 들여다보라는 것.

노자는 도덕경 32장에서는 자르고 다듬지 않은 통나무 같이 순박하게 살라고 한다. 그냥 열심히 살며 행복하고 즐겁게 지내라고 하는 뜻이다. 이 말은 쉬우면서도 쉽지 않은 말이다.

여기서 시조 한 수를 보자.

세상 사람들이 입들만 성盛하여서
제 허물 전혀 잊고 남의 흉 보는 괴야
남의 흉 보거라 말고 제 허물을 고치고저.
– 인평대군 –

인조의 셋째 아들인 인평대군의 시조이다. 이 시조에서처럼 밖으로 눈을 돌리지 말고 자신의 부족함을 살필 수 있는 사람이 됨을 바라는 내용이다. 사람들은 서로 헐뜯기를 좋아하고 사촌이 땅을 사면 배 아파한다.

부자도 가난한 자도 권력이 있는 자도 없는 자도 모두 행복 안할 수 있고 모두 행복하게 살 수도 있다.

보리밥 풋나물을 알맞게 먹은 후에
바위 끝 물가에 슬카지 노니노라
그 남은 여남은 일이야 불을 줄이 있으랴.
– 윤선도 –

조선시조문학의 거봉 윤선도의 작품이다. '보리밥 풋나물을 먹고도 강가나 경치 좋은 곳을 찾아다니며 실컷 놀 수 있으니 얼마나 행복하냐' 이런 뜻이다. 이처럼 행복한 생활은 마음에 있는 것이지, 물질에 있는 것이 아님을 알 수 있다. 그래서 노자는 도덕경에서 순박하고 질박하게 삶을 살며 행복해지라고 하는 것이다.

실제로 높은 도는 얼마나 하찮고 누구나 즐길 수 있는 것인지를 남전 스님의 제자 조주 선사의 오도송에서 확인할 수 있다.

오도송悟道頌

조주趙州(778~897)

春有百花秋有月 (춘유백화추유월)
夏有凉風冬有雪 (하유량풍동유설)
若無閑事掛心頭 (약무한사괘심두)
便是人間好時節 (변시인간호시절)

봄에는 아름다운 꽃들이 만발하고
가을에는 밝은 달이 환하게 비추는구나
여름에는 서늘한 바람 불어오고
겨울에는 아름다운 흰 눈이 날리네.
쓸데없는 생각만 하지 않고 살면
이것이 바로 좋은 날들이네.

참으로 마땅한 오도송이다. "오고 가는 계절의 변화를 누군들 모를까. 이게 뭐 오도송이야." 하고 의문을 갖을지도 모른다. 그러나 오고 가는 계질이 있음을 마음의 눈으로 확연히 본 후에라야 이런 말을 할 수 있는 것이다. 사실 계절의 변화를 잘 살펴 알 수 있다면 구태여 더 생각할 게 무엇이 있겠느냐. 살고 죽는 이치가 이속에 다 들어있거늘. 이처럼 오도송은 어려운 것이 아니라 누구나 아는 쉬운 것이다. 그러니 높은 도 역시 그런 것이다.

오고 가는 계절을 맞으면서 또 즐기면서 평범하게 살아가는 것이 얼마나 아름답고 지극한 삶인가. 그런데 이게 잘 안 되는 것이다.

중국 선종의 맥 중에서 조주 선사는 6조인 혜능에서 남악, 회양, 마조 도일, 남전의 법맥을 이은 선사이다. 어느 날 조주에게 멀리서 온 제자가 물었다. "조사가 서쪽에서 온 뜻을 알려주십시오." 그러자 조주는 대뜸 "뜰 앞의 잣나무庭前柏樹子"라고 대답하였다. 뜰이란 것은 큰 의미를 부여할 수 없고 잣나무도 별난 나무를 지칭하는 것이 아니다. 그저 마당에 나무가 있으니 그걸 하나 지칭한 것이다. 달마가 서쪽에서 온 뜻이 별로 중요한 게 아니라 뜰에 서 있는 잣나무처럼 일상적인 삶인 것이라는 뜻이다. 만약 그때 뜰 앞에 밤나무가 서 있었다면 조주 선사는 "뜰앞의 밤나무이니라." 이렇게 대답했을 것이다. 아주 평범한 일상의 삶, 그런데 그런 평범한 일상의 삶이 가장 어려운 삶이다. 조주선사가 스님으로 살면서 깨달았을 무렵에 쓴 오도송 역시 그런 평범의 일상을 노래했음을 보면 확연히 알 수 있다.

일본의 유명한 선승인 료칸도 순박함과 질박한 삶을 살다간 무소유의 스님이었다. 그의 일화가 있다.

료칸은 17세기에서 18세기를 살았던 일본의 스님이다. 그가 스님이 된 내력과 일화를 들어본다.

료칸은 부잣집에서 태어났다. 그는 고생을 모르고 자랐다. 어느 날 길거리를 지나는데 한 떼의 거지를 보았다. 땟물이 꾀죄죄하게 흐르는 그들을 보니 불쌍한 생각이 들었다. 그리고 의문이 들었다. '세상에는 불쌍하고 가난한 사람들이 많구나. 저들은 저렇게 가난하게 사는데 나는 편안하고 안락하게 사는가?' 료칸은 의문을 갖고 깊은 고민에 빠졌다. 그러는 사이 료칸은 청년이 되었고 청년이 된 료칸은 의문을 해결하기 위해 출가를 결심하였다.

이윽고 청년이 된 료칸은 동생에게 부모님을 잘 부탁한다는 말을 뒤로 한 채 집을 나왔다.

청년 료칸은 사찰에 들어가 계를 받고 어질고 너그러운 사람이라는 뜻으로 료칸[양관良寬]이란 법명을 받았다.

시간은 흘러 부모님은 돌아가시고 동생은 스님이 된 료칸 대신 집안을 이끌었다. 그러나 동생에겐 아들이 없어 양자養子를 들였다. 양자는 아주 나쁜 짓을 하여 집안에서는 골머리를 앓았다. 노름을 하였고 여자를 밝히고 술로 재산을 탕진하기도 하였다.

집안에서는 문중회의를 열기로 하였다. 노스님이 된 료칸은 집안의 가장 큰 어른이기에 당연히 참석하였다.

회의에서는 열띤 논쟁이 이어졌다. 대부분 양자의 잘못을 이야기하고 패기敗記해야 한다는 말들이 오고 갔다. 마지막으로 제일 어른인 양관이 이 일에 대해 결정해 달라고 하였다.

줄곧 듣고만 있던 양관은 일어섰다. 모든 사람들이 양관의 얼굴에 집중이 되었다. 양관은 이윽고 말문을 열었다.

"날이 이미 저물었구나. 이제 절로 들어가야겠구나."

하고 말하였다.

그는 그 말을 한 후, 방을 나와 짚신을 신기 위해 허리를 굽혔다.

그때였다. 방에서 급히 달려 나오는 한 사람이 있었다. 바로 그 양자였다. 양자는 양관의 신발 앞에 무릎을 꿇고 앉아 그의 짚신을 신겨드리고 있었다. 그런데 짚신을 신겨드리는 양자의 손등에 따뜻한 물방울이 떨어졌다. 양자가 놀라 고개를 들어보니 스님의 눈에서 흘러내린 눈물이란 걸 알았다.

그 후 양자는 나쁜 버릇을 고치고 집안을 잘 이끌었다고 하였다. 그 어떤 사람들의 충고도 듣지 않았던 양자였다.

료칸 스님의 따뜻한 사랑이 그의 행동을 고칠 수 있었던 것이다. '소나기' 라는 그의 선시 한 편을 소개한다.

취우驟雨(소나기)

료칸良寬(1758-1831)

今日乞食逢驟雨 (금일걸식봉취우)
暫時廻避古祠中 (잠시회피고사중)
可笑一囊與一鉢 (가소일낭여일발)
生涯瀟灑破家風 (생애숙쇄파가풍)

오늘 탁발하다가 소나기를 만났네.
잠시 낡은 사당 안으로 몸을 피하고 있으니
우습구나 이 몸에 달랑 바리때와 바랑 하나
일생이란 것, 바람에 깨지고 부서진 집과 같구나.

날이 몹시 무더워졌다. 어떤 분은 집착 없이 자신의 내면을 고요히 응시하기도 하고 어떤 분은 타인의 잘못에 대하여 용서와 배려를 하는 모습에서 더위가 씻어짐도 느꼈다.

여름 밤

밤 깊어지니 문득,
마주하는 술상

고요로이
술을 마신다.

방터골 작은 물소리
한가로워라.

여기저기, 슬며시 찾아드는
반딧불이

좋은 친구이네.

문득 시원한 수박을 꺼내 먹으며 부채를 부치던 옛 어른들이 생각난다. 나는 이 여름밤에 시와 시조 한수 씩으로 더위를 내려놓을 작정이다.

저녁노을

어스름 저녁나절 갑자기 붉어져서
웬일인가 내다보니 낙관 찍는 저녁 해
내 생애 저물 무렵도 저리 고운 노을 일까

스물 셋 죽을 고비 넘기고 또 40성상星霜
풍진風塵을 견뎌내니 이리 환한 석양이 오네
이제는 여백의 내 삶 비인 맘도 보배구나

고향, 그 어머니의 하늘

– 시조, '고향'
– 시조, '등잔불'
– 시조, 심연수 '온정리의 하룻밤'
– 한시, 심언광 '주촌역유감'
– 시, 심연수 '소년아 봄은 오려니'

'고향!' 누구에게나 마음속에 깊이 자리 잡은 귀한 글자이다. 대처에 나갔던 사람들이 부귀공명을 이루었을 때 '금의환향錦衣還鄕'이란 말까지 생겼으니 말이다. 비록 부귀나 공명을 이루지는 못했더라도 고향은 어머니의 품 같은 안식으로 늘 마음속에 자리하고 있는 사람들이 많을 것이다.

이런 고향의식을 엿볼 수 있는 작품들이 있다. 일제 강점기 시대, 강릉 출신 심연수 시인의 시조와 조선 초기 문인이며 문신이었던 심언광의 한시 등이 그것이다.

심연수는 시조 이외에 시(동시童詩로도 볼 수 있음) '소년아 봄은 오려니' 에서 민족의식과 조국에 대한 독립을 염원하는 민족시인의 면모를 만나게 된다.

여로에 곤한 몸을 마음껏 쉬이려고
온천의 뜨거운 물에 몸을랑 잠그고서

아 – 아 조선의 땅도 식지는 않은 것 알았소.

만나는 사람마다 다가운 정이 흐르고
건네는 말솜씨도 정다웁기 짝이 없다
이 한밤 길어져주소 마음껏 있어 보게.
('온정리의 하룻밤', 심연수)

이 작품은 황규수 편저(2007), 일제강점기 재만조선시인 『심연수 원본대조 시선집』에 수록된 작품이다.

중국의 용정을 떠나 조선 땅에 들어와서 용정리 온천에 들었을 때의 심경을 적었다.

타국에서 지내다가 조국인 고향 땅을 밟고 온천탕에 몸을 담그니 만나는 사람마다 따뜻한 정이 흐르고 건네는 말조차 모두 정겹기 그지없다고 하였다. 왜 아니 그럴 것인가.

온천탕에 들어서서 그는 확인했던 것이다. 조선의 땅이 식지 않고 끊임없이 살아 움직인다는 것을 말이다. 고국인 조선에 대한 그리움과 반가움, 생명으로 용솟음치는 어머니 같은 땅을 재확인하고 있다. 그의 민족적 자각이 고향의식과 함께 쉼 없이 몸속에 흐르고 있음을 반증하는 것을 본다. 그는 또 동시童侍라고도 할 수 있는 시 '소년아 봄은 오려니' 에서도 그의 고향과 민족의식내지는 독립의 소망을 염원하고 있음을 확인할 수 있다.

소년아 봄은 오려니

심연수

봄은 가차왔다
말랐던 풀에 새움이 돋으리니
너의 조상은 농부였다

너의 아버지도 농부다
전지田地는 남의 것이 되었으나
씨앗은 너의 집에 있을 게다
가산은 팔렸으나 나무는 그대로 자라더라
재 밑에 대장간 집 멀리 떠나갔지만
물 풍구는 그대로 놓였더구나
화덕에 숯 놓고 불씨 붙여
옛 소리를 다시 내어 봐라
너의 집이 가난해도 그만한 불은 있을 게니.
서투른 대장의 땀방울이
무딘 연장을 들게 한다더라
너는 농부의 아들
대장의 아들은 아니래도…
겨울은 가고야 만다
계절은 순차順次를 명심한다
봄이 오면 해마다 생명의 환희가
생기로운 신비의 씨앗을 받더라.

이 작품은 김명순의 「심연수 시의 상상력과 모더니티 연구」(관동대학교 석사학위 논문) 논문에 수록된 작품이다. 박복금의 박사학위 논문 「심연수 문학연구」에서 재인용하였다. 이 작품 역시 고향의식과 조국의 독립을 염원하는 마음을 '봄' 으로 상징하였다. 또한 이 시의 소재들에서 나타나는 시어들을 보면 한국적 정서에 뿌리박은 고향의식을 엿볼 수 있다.

조선 전기 문신이며 시인으로 활약한 심언광沈彦光은 본관이 '삼척' 이고 강릉 사람이다. 호는 어촌漁村이며 강원도관찰사, 대사간, 대사헌을 지낸 분이다. 두루 조정의 요직을 지내다가 만년에는 강릉으로 낙향하여 지냈다. 문집으로 '어촌유고漁村遺稿' 가 있다.

주촌역유감朱村驛有感

주촌역에서 감회를 적다

심언광

去國經秋滯塞城 (거국경추체새성)
異方雲物憁關情 (이방운물총관정)
洪河欲濟無舟楫 (홍하욕제무주즙)
寒木將枯有寄生 (한목장고유기생)

自笑謀身非直道 (자소모신비직도)
還慚欺世坐虛名 (환참기세좌허명)
曉來拓戶臨靑海 (효래척호임청해)
旭日昭昭照膽明 (욱일소소조담명)

변방에 머물며 가을을 보내자니
모두 고향 생각 아닌 것 없네
강을 건너려니 사공은 없고
말라기는 나무에는
겨우살이만 높이 매달렸네.

내 한 몸 위하는 게 어찌 바른 도리이겠는가
세상을 속여 얻은 허명이 부끄럽구나
새벽에 문 열고 푸른 바다를 마주하니
밝은 아침 해가 내 간담을 서늘하게 비추네

(역: 남진원. 국조시산國朝詩刪 권卷 6)

7언 율시로 된 이 한시는 허균이 편찬한 「국조시산 國朝詩刪」에 실려 있다. 정객과 선비로 지낸 지난 세월에 대한 부끄러움을 그렸다. 고향에 대한 그리움이 느껴지지만 또한 삶에 대한 부끄러움을 토로하고 있다. 자신의 이익이 앞을 가리면 부끄러운 행적을 애써 외면하는 세태에서 참으로 정직하고 고결한 인품을 만날 수 있다. 고향에 대한 아름다움을 간직하고 있었기에 한 정객의 가슴속에는 늘 선비다운 면목이 살아있었음을 본다.

눈을 감으면, 내게도 어릴 때 고향의 장면들이 어머님의 모습과 함께 아련한 등잔불처럼 피어난다.

등잔불

저물면 어둑해도 질박한 삶 있었네
호미 날에 보낸 세월 땀 젖은 수건을 벗고
방안에 봄을 밝히던 어머님의 환한 손

벌써 옥수수가 내 키보다 높이 자랐다. 옥수수 밭을 지나다 보니 어릴 때의 고향이 그리움으로 다가왔다.

나는 사계절 중에 여름을 매우 좋아한다. 그 이유는 유년 시절 고향집에서 보낸 여름의 기억이 다이아몬드처럼 박혀 있기 때문이다.

내 고향은 정선아리랑으로 유명한 강원도 정선이다. 더 정확히 말하면 정선읍에서 130여리 떨어진 임계면 '골지리' 라는 곳이다. 지금은 개명을 하여 '문래리文來里' 로 바뀌었다.

시골 마을은 다 그렇지만 어머니처럼 포근하고 정겨움이 넘쳐흐른다. 내가 살던 유년의 고향도 그랬다. 포장이 안 된 동쪽, 산밑 도로를 따라 길게 집들이 지네처럼 붙어 앉았다. 그 앞으로 넓다란 논이 평야처럼 펼쳐지고 둑방 너머엔 맑은 시냇물이 흐른다. 문래산 밑을 감돌아 흐르는 골지천이다. 골지천은 허리가 패인 듯 굽어 흐른다. 굽은 곳은 물이 깊어서 산지골소(山祭谷沼이)라 불렀다. 우리는 여름이면 그곳, 산지골 소에 가서 물놀이를 즐기곤 하였다. 설익은 사과를 멀리 던져놓고 먼저 헤엄을 쳐서 줍기도 하고 물속에 잠수하여 바위 밑을 들여다보기도 하였다. 높은 돌 위에서 물속으로 뛰어내리기도 하고 추우면 밖에 나와 모래밭 위에 배를 깔고 엎드리기도 하였다. 동그랗고 작은 돌멩이를 귀에 대고 돌을 치면서 귀 안에 있는 물을 말리는 아이도 있었다. 심심하면 모래밭 사이로 고무신을 벗어 자동차 놀이도 하였다. 해가 기울 무렵이 되어야 집으로 돌아갔다.

어둑어둑한 집에서 어머니는 참 바쁘게 움직이셨다. 마당에는 멍석이 펼쳐졌다. 얼큰한 장국수를 삶고 옥수수와 호박도 쪘다. 김이 무럭무럭 나는 옥수수와 호박이 상위에 펼쳐지고 온 가족이 모여 앉아 저녁을 먹었다. 한쪽 거름무더기 옆에선 모깃불이 피어나지만 어디 모기들이 달아나던가 말이다. 모기란 놈이 뽀얀 다리 살에 연신 달라붙어서, 나는 다리를 찰싹찰싹 때리기에 바빴다. 그때 띄엄띄엄 반딧불이 날아다녔다. 하늘엔 별이 반딧불처럼 돋아났다.

옥수수를 먹다가 잠이 눈가죽에 달라붙으면 어머니가 슬며시 안고 방에다 눕혔다. 나는 어머니 품에 안기고 싶어 일부러 잠이 든 척 했는지도 모른다. 아무튼 방에 눕혀지기까지 난 잠이 들지 않았다. 방에 누워 눈을 떠 보면 컴컴한 방 천장에서는 징그러운 뱀이 나타나는 것 같기도 하고 산속의 돌무더기에 숨어 있던 괴물이 나타나는 것 같기도 하여 무서웠다. 그런데 이런 저런 생각을 하다가 정말 잠이 들었다.

이른 아침에 눈을 뜨면 제일 먼저 일어나 가는 곳이 뒤란이다. 그곳에는 어머니가 호박을 쪄서 광주리에 담아두었다. 어렸을 때는 배도 꽤 고팠지. 아침에 눈을 뜨기가 무섭게 뒤란으로 달려가면 찬이슬에 맛이 달콤하게 삭은 호박이 기다리고 있었다. 그것을 숟가락으로 퍽퍽 떠먹던 기억이 한 폭의 그림처럼 눈에 어린다.

지금 생각하면 유년의 삶은 너무도 신비한 나라 그 자체이다. 그곳에는 원시림 그대로 그리움의 동산이 있었기 때문이다. 나는 어릴 때 아름다운 자연과 어머니, 할머니의 따스한 사랑 속에서 자랐다.

유년 시절, 고향이란 넉넉한 품이 없었다면 글을 쓴다는 것은 생각조차 못 할 일이라고 여겨진다. 가끔 파란 하늘을 바라본다. 그곳은 '어머니의 하늘' 이었다. 그 하늘 아래에서 할머니 할아버지 어머니 아버지와 고향의 친척과 벗들, 형제들을 만날 수 있었다. 그래서 나는 고향을 생각하며 삶의 용기를 얻었다. 그러니 고향을 생각하는 것은 내겐 희망이요 새로운 세계를 열어나가는 힘이었다. 나는 지금도 행복해 하고 싶을 때면 그리움의 맛난 기억이 묻어나는 호박과 매미소리, 물소리가 살고 있는 내 유년의 여름 고향 숲을 작품 속에 새기면서 찾아간다.

고향

인절미 한 그릇에도 정이 철철 넘쳐 나던
그 눈길 그 손길 반겨 잡은 손바닥에
눅눅한 눈물이 솟는다 인정이 그리운 오늘.

찔레꽃 환한 웃음 유년의 내 강기슭
물결은 잔잔한 미소 어머니로 다가앉네
어질디 어진 바람이 저녁으로 불고 있네.

흙냄새 살쪄 가는 고향의 풀빛 마을
개구리 울음소리 달콤하게 쉬여 실고
송아지 젖빛 목소리 물씬 고인 숭늉 내음.

작품색인

색인. 1 - 고시조

간밤에 불던 바람 (유응부) / 139

겨울날 따스한 볕을 (작자 미상) / 178

나무도 병이 드니 (정철) / 221

눈 맞아 휘어진 대를 (원천석) / 118

님이 가신 후에 (송대춘) / 276

당우를 어제 본 듯 (소춘풍) / 227

대추볼 붉은 골에 (황희) / 41

동기로 세 몸 되어 (박인로) / 185

마음이 어린 후이니 (서경덕) / 75

매화 옛 등걸에 (매화) / 155

묏버들 가려 꺾어 (홍랑) / 36

반중 조홍 감이 (박인로) / 186

보리밥 풋나물을 (윤선도) / 284

사랑이 거짓말이 (김상용) / 76

산촌에 눈이 오니 (신흠) / 153

삼동에 베옷 입고 (조식) / 33

세상 사람들이 (인평대군) / 284

솔을 솔이라 하니 (송이) / 140

송림에 눈이 오니 (정철) / 87

십년을 경영하여 (김장생) / 31

어버이 살아실 제 (정철) / 100

오백년 도읍지를 (길재) / 46

온정리의 하룻밤 (심연수) / 290

이고 진 저 늙은이 (정철) / 101

이 몸이 죽어 가서 (성삼문) / 139

자네 집에 술 익거든 (김육) / 42

잔 들고 혼자 앉아 (윤선도) / 66

전언은 희지이라 (소춘풍) / 228

제도 대국이오 (소춘풍) / 228

짚방석 내지 마라 (한호) / 44

천만리 머나먼 길에 (왕방연) / 64

철령 높은 봉에 (이항복) / 65

청산도 절로 절로 / 49

청산리 벽계수야 (황진이) / 51

청산 자부송아 (박태보) / 128

청송은 어찌하여 (김수장) / 138

청초 우거진 골에 (임제) / 67

풍파에 놀란 사공 (장만) / 166

하여가 (이방원) / 169

한산섬 달밝은 밤에 (이순신) / 171

홍진을 다 떨치고 (김성기) / 239

흥망이 유수하니 (원천석) / 38

색인. 2 – 한시

강설 (유종원) / 95
겨울 (김극기) / 167
견회 (원진) / 278
궁류시 (권필) / 105
금대곡증고죽사군 (이달) / 223
기가서 (이안눌) / 97
대도무문 (무문혜개) / 170
대월석화 (권벽) / 199
도산월야영매 (이황) / 158
도상건 (가도) / 124
도중 (권필) / 104
동천년노항장곡 (신흠) / 152
등경포대 (박수량) / 183
망처공씨묘지명 (팽적) / 279
매창소월 (성삼문) / 201
매화 (무원형) / 161
매화 (왕안석) / 156
매화 (이숭인) / 149
묘고대상작 (혜심) / 143
문백낙천좌강강주사마 (원진) / 280
물곡 (임제) / 24. 214
미전인 (최충) / 145
불일암증인운석 (이달) / 135
산사야음 (정철) / 88
산원소매 (임포) / 162
산중 (이율곡) / 195
산중문답 (이백) / 21
산행 (두목) / 115
석류 (이율곡) / 195
선암초당 (권두인) / 19
소서 (백거이) / 180
송인 (정지상) / 16
시아 (육유) / 173
심은자불우 (가도) / 123
야우잡영 (권필) / 106
어옹 (김극기) / 166
영매 (최호) / 151
영매화 (무명無名의 여승) / 160
영회시 (완적) / 91
오도송 (조주) / 285

유대관령망친정 (신사임당) / 108

자만 (임제) / 213

자백운계부지서망소와송음 (이서구) / 143

작주여배적 (왕유) / 206

장송표 (신흠) / 138

절명시 (성삼문) / 202

제가야산독서당 (최치원) / 175

제망매가 (월명사) / 186

제승방 (이숭인) / 134

주촌역유감 (심언광) / 293

천왕봉 (남명 조식) / 211

추야우중 (최치원) / 205

추일 (서거정) / 209

추풍인 (유우석) / 93

취우 (료칸) / 288

춘망사 (설도) / 218

한송정 (장연우) / 189

황학루 (최호) / 112

색인. 3 – 남진원의 창작 시조 및 재창작 시조, 시

시조

가도에게 / 127

가도와 한유 / 120

강설 / 96

고향 / 297

고향집의 겨울 / 78

구름을 보며 / 114

권필에게 / 103

깊은 밤에 잠 못 들고 / 90

꽃물 들어 아픈 날 / 164

꿈같은 허상 / 237

꿈이 주는 암시 / 130

낚시 심사 / 267

낚싯대 드리우고 / 96

누구나 살다 보면 / 240

눈 내리는 날 / 73

늦겨울 아침 / 271

달 / 88

달빛에 싼 청산 한 채 / 30

당완 / 83

도원의 봄 / 22

도화꽃 핀 날 / 17

둥근 바람 / 181

등잔불 / 294

매화를 품다 / 148

매화송 / 74

맹상군 / 253

물 / 230

미전인 / 145

박꽃 / 272

박수량 / 184

배움 / 198

백년의 벗 / 63

복사꽃 봄 품으니 / 15

봄날 술을 들다 / 69

부차와 구천 / 249

불가득 문답 / 56

불욕이정 / 208

사친 / 110

산방 서정 / 204

산중에서 / 196
삼월 / 192
선가 / 117
성삼문 / 203
손곡과 고죽의 우정 / 225
송하노인 / 72
송하노인도 / 132
여울목 / 80
역사를 더듬어보다 / 27
욕망의 덫 / 265
육유 / 84
왕소군 / 261
원진 / 278
저녁노을 / 289
저녁 연기 / 107
지나침의 예시 / 235
지음 / 53
천하를 바꾼 웃음 / 246
청사에 빛나는 검 / 25
춘소 / 175
콩가는 맷돌 / 193
편지 / 98
풍경 / 133
한단지몽 / 59
한송정 / 189

시

내 마음의 주련 / 282
소년아 봄은 오려니 (심연수) / 291
송하노인 (심재칠) / 274
아름다움의 의미 / 5
여름밤 / 288
한송정 / 188